בראשית

בראשית

이스라엘 대사가 들려주는
창세기, 위대한 시작의 이야기

이스라엘 대사가 들려주는

창세기, 위대한 시작의 이야기

Genesis: The Beginning
of Everything Conversations with the Ambassador of Israel

아키바 토르 Akiva Tor 지음 | 나오미 토르 Naomi Tor 그림 | 윤희기 옮김

미래사CROSS

Genesis: The Beginning of Everything
Conversations with the Ambassador of Israel

창세기는 위대한 시작의 이야기입니다.
우주와 창조된 질서의 시작, 인류의 시작,
옳고 그른 것을 구분하는 최초의 이해,
온갖 다양한 인간 사회의 시작, 하나님을 찾아가는
아브라함의 여정의 시작, 인간과 하늘에
계신 우리 아버지 사이의 깊은 관계의 시작,
그리고 이스라엘 민족의 시작,
이 모든 시작이 담겨있습니다.

이 책은 현직 이스라엘 대사가 들려주는 창세기 이야기라는 독특한 특징을 갖추고 있습니다.

아키바 토르 주한 이스라엘 대사께서는 여러 정무로 바쁜 와중에도 일주일에 한 번 극동방송에 오셔서 직접 준비한 원고로 방송을 해주셨습니다. 이 방송은 지난 2년 6개월 동안 청취자들에게 많은 사랑을 받았습니다. 이를 기반으로 시간 관계상 미처 다루지 못했던 내용까지 담아 모두 120개 토픽으로 구성해 출간하게 되었으니, 그간의 수고에 감사를 드립니다.

이 책을 통해 창세기에 대한 이해가 더욱 깊어지길 진심으로 바라며, 기쁜 마음으로 추천합니다. 감사합니다.

_ 김장환 목사, 극동방송 이사장

『이스라엘 대사가 들려주는 창세기, 위대한 시작의 이야기』는 아키바 토르 주한 이스라엘 대사님이 지난 수년간 헌신하고 수고한 땅 대한민국에 남기는 선물입니다. 랍비 가정에서 태어나 성장한 토르 대사님은 한국에서 외교관으로 오랜 시간을 보내는 동안 우리 한국 사람들이 성경의 땅이스라엘을 얼마나 사랑하는지, 또 성경의 역사에 얼마나 관심이 깊은지 알게 되었습니다. 그래서 대사님이 사랑하는 성경과 이스라엘 그리고 한국을 이어주고자 대사님의 풍성한 지식과 경험, 인사이트를 이 책에 녹여 냈습니다.

이 책에는 창세기에 대한 해석과 함께 이스라엘의 역사와 지리, 그리고 오늘의 현실 세계를 연결해주는 생명력 가득한 내용이 담겨 있습니다. 특히 창세기의 각 장면에 담긴 심층의 의미를 대사님의 관점으로 풍부하게 풀어내어 독자들이 다양한 교훈과 지혜를 얻을 수 있게 도와줍니다.

목회자로서 구약성경을 읽으며 유대인의 관점과 해석이 궁금했던 부분에 대사님의 탁월하고 특별한 지혜를 만나는 것은 기쁘고 감사한 경험이었습니다. 성경의 이야기를 사랑하는 한국의 그리스도인들뿐만 아니라 이스라엘의 문화와 역사 그리고 그들의 끈질긴 회복성(resilience)에 관심이 있는 분들이 이 책을 꼭 읽어보기를 바랍니다. 많은 분이 토르 대사님의 선물을 만나기를 간절히 소망해봅니다.

_ 김하나 명성교회 담임목사

성경 첫 장을 열면 언제나 가슴이 뜁니다. 창조주 하나님의 "빛이 있으라"는 그 장엄한 음성을 듣고, 형언할 수 없는 경이로운 창조의 현장을 목도할 수 있기 때문입니다. 하나님의 말씀이 우주 삼라만상에 빛을 주었다면, 이번에 출간되는 아키바 토르 대사님의 『이스라엘 대사가 들려주는 창세기, 위대한 시작의 이야기』는 사람들의 심상에 놀라운 빛을 주는 책입니다.

토르 대사님은 한국 교회와의 협력 사역에도 귀한 역할을 감당해주시는 분입니다. 몇 해 전 저는 대사님 내외분과 이스라엘 대사관 관저에서 가진 안식일 디너 시간에 들은 두 분의 인생 스토리와 신앙에 깊은 감명을 받았습니다. 이제 이렇게 책을 통해 대중과 소통하게 되셨으니, 기쁜 마음 가득합니다.

'베레쉬트'(בראשית, 태초에)로 시작되는 창세기는 하나님의 창조와 구속의 위대한 역사를 여는 첫 책이자 인류와 우주의 기원을 알려주는 '시작'의 책입니다. 동시에 창세기의 많은 부분은 이스라엘이라는 특정 민족을 통해 구체적인 시간과 공간의 무대 위에 펼쳐진 역사임을 염두에 두어야 합니다. 이런 까닭에 수천 년이 지난 오늘날 지구 반대편에 자리한 우리에게 창세기는 여전히 낯선 부분이 있습니다.『이스라엘 대사가 들려주는 창세기, 위대한 시작의 이야기』가 그 간극을 좁혀줄 것입니다.

저자는 우리의 역사·문화적 한계, 심지어 유대교와 기독교라는 전통을 뛰어넘는 크고 놀라우신 하나님을 알아가는 멋진 모험을 함께하자며 기꺼이 손을 내밉니다. 특히 저자의 아내인 나오미 토르 박사님의 그림이 지면에 담겨 페이지를 넘길 때마다 책 내용이 더 입체적으로 풍성하게 다가옵니다.

모쪼록 이 책을 통해 많은 영혼이 믿음의 초석인 창세기를 더욱 가까이 함으로써 삶의 현장에서 구체적으로 적용해나가기를 기대하며 일독을 권합니다.

_ 오정현 사랑의교회 담임목사, 숭실대학교 이사장

고대부터 현대에 이르기까지 수많은 철학자, 과학자, 종교 지도자들이 끊임없이 탐구해온 질문이 있습니다. 바로 '우리는 누구이며, 어디에서 시작해 어떻게 여기까지 왔고, 앞으로 어디로 가야 할 것인가'에 대한 것입니다. 시대마다 그 시대의 과학과 학문 수준에 맞는 답들이 제시되곤 했지만, 우주 만물과 인류의 기원에 대한 논쟁은 여전히 계속되고 있습니다. 이 질문에 대한 성경의 답은 명확합니다. "태초에 하나님이 천지를 창조하시니라"(창세기 1:1). 이 구절은 기독교 신앙의 근본을 이루며, 모든 것이 하나님에게서 시작되었음을 선언합니다.

성경 66권 중 첫 번째 책인 창세기는 우주 만물의 생성, 가정의 형성, 죄의 기원, 언어의 분산, 종족의 발전 등 세상에 존재하는 모든 것이 어떻게 시작되었는지 알려줍니다. 또한 모든 것의 근원이 되시는 하나님을 섬기지 않았을 때 어떤 문제가 생기고, 그 문제를 어떻게 해결해야 하는지 생생하게 그리고 있습니다.

아키바 토르 대사의 『이스라엘 대사가 들려주는 창세기, 위대한 시작의 이야기』에는 오랜 기간 구약을 연구해온 정통 유대인이 바라보는 유서 깊은 창세기 해석이 담겨 있습니다. 천지창조부터 노아와 바벨탑, 약속의 땅으로 간 아브라함, 이스라엘에 대한 축복과 이삭 번제 및 유월절, 야곱과 요셉까지 창세기에 담긴 이스라엘 역사를 깊이 있게 다루며, 오늘날 우리 생활에 적용할 수 있는 다양한 이야기로 흥미를 더합니다. 인생의 근원적 질문에 대한 답을 고민하는 분이 있다면, 이 책이 그 답을 찾아가는 데 큰 도움이 되고 자신의 신앙과 삶을 더욱 풍요롭게 해줄 수 있을 것입니다.

_ 이영훈 여의도순복음교회 담임목사

차례

들어가는 말

    모세오경의 첫 번째 경전이자 하나님이 인류에게 들려주는 영적인 메시지의 시작인 창세기를 텍스트로 삼아 약 120개의 에피소드와 그와 관련된 나름의 시각을 2년 반 동안 극동방송에서 청취자 여러분에게 전하며 함께 공부할 수 있었던 것은, 저에게는 정말 무한한 영광이자 두 번 다시 누리지 못할 큰 명예였습니다.

    이번 성경공부 방송에서 함께 공부한 학습 파트너는 저의 친한 친구이자 극동방송에서 오랫동안 방송인으로 지내온 김창수 부장이었습니다. 유대 율법의 전문용어로 학습 파트너를 지칭하는 말은 친구를 뜻하는 히브리어 어근인 '하베르'(haver)에서 파생된 아람어인 '하브루타'(havruta)라는 단어입니다. 이 하브루타는 유대 세계에서 탈무드(Talmud)를 공부하는 전통적인 주요 학습방법, 즉 두 사람 혹은 때로는 세 사람이 함께 텍스트를 충분히 이해하고 그 의미를 풀어가는 학습방법을 지칭하는 말입니다. 그런데 이런 식의 학습은 서로의 우정과 상호 존중 없이는 불가능한 일입니다. '토라'(Torah) 학습의 핵심에 있는 것이 학습 파트너에 대한 존중과 우정이기 때문입니다. 따라서 저는, 자유로운 분위기 속에 스튜디오에서 진행된 우리의 학습이 간결하면서도 일관성 있는 10분 프로그램으로 만드는 과정에서 김창수 부장이 보여준 동료의식과 그 놀라운 헌신적 노력에 감사의 마음을 표하지 않을 수 없습니다.

하브루타는 또한 사회를 뜻하는 히브리어 단어인 '헤브라'(hevra)와도 연결됩니다. 저는 토요일 아침, 극동방송의 제 프로그램에 귀를 기울여주신 청취자 여러분에게도 감사의 마음을 전합니다. 아침에 커피를 마시다가, 혹은 산책을 하는 중에, 혹은 어떤 다른 일을 하시다가 방송을 청취했든 여러분과 저는 하나의 사회를 이룬 것입니다. 토라 학습에는 학문적 기능도 담겨 있지만, 본질적으로는 사회적 기능도 담겨 있습니다. 그래서 토라는 혼자 학습하는 것보다는 많은 사람들이 함께 하는 것이 항상 더 좋다고 하는 것입니다. 그러니 저와 함께 공부하신 청취자 여러분에게 감사드리는 것이고, 여러분 모두를 스튜디오에 모시고 함께 공부했더라면 하나님 말씀에 대해 더 진지하고 풍요롭게 논의할 수 있지 않았을까, 하는 아쉬움이 남는 것인지도 모르겠습니다.

이 라디오 프로그램은 어떻게 시작되었을까요? 이 프로그램은 제가 한국에서 뵙게 된 놀라운 분, 바로 빌리 킴(Billy Kim) 목사님이라고도 불리는 극동방송 이사장이신 김장환 목사님의 적극적인 지원이 있어 시작되었습니다. 그분을 처음 뵈었을 때 호기심 가득한 그분의 얼굴에 잔잔하게 흐르던 미소가 저의 마음을 사로잡았으며, 그 순간부터 그분은 한국에서 저를 이끌어주신 소중한 안내자이자 믿음의 목자가 되어 주셨습니다. 그 후에 저는 이스라엘을 지지하는 소규모 그룹의 기독교인들과 함께 성경공부를 하지 않겠느냐는 요청을 받았던 겁니다. 그분들 모두가 좋은 분이셨지만 함께 모여 성경공부를 한다는 것이 그리 쉬운 일은 아니었습니다. 그래서 저는 김장환 목사님께 어떻게 하면 좋겠느냐고 조언을 구했고, 그분은 함께 모여 공부하는 것도 좋겠지만 라디오 방송으로 하는 게 더 효과적이지 않겠느냐는 제안을 하셨습니다. 그렇게 해서 저의 라디오 프로그램이 시작되었던 겁니다.

이스라엘의 더할 나위 없이 소중한 친구로서 이스라엘 대사를 초청하여 유서 깊은 한국의 기독교 방송국에서 유대인은 어떤 관점과 시각에서 성경을 바라보는지, 그것을 함께 공유하는 것도 좋겠다고 생각하신 김장환 목사님께 다시 한 번 감사하다는 말씀을 드립니다.

유대교인과 기독교인의 신앙은 둘 다 아브라함의 믿음과 성경에 담긴 영원한 지혜에 뿌리를 두고 있습니다. 그렇기 때문에 저는 우리의 도덕적 관점이나 하나님이 우리에게 요구하신 것에 대한 이해가 서로 크게 다르지 않다고 믿고 있습니다.

"주께서 옛적에 우리 조상들에게 맹세하신 대로 야곱에게 성실을 베푸시며 아브라함에게 인애를 더하시리이다"(미가 7:20).

창세기에는 부인할 수 없는 엄연한 진리가 가득 담겨 있으며, 가족과 인간의 모든 약점과 결점 또한 속속들이 보여주고 있습니다. 동시에 창세기는 "하나님이 지으신 그 모든 것을 보시니 보시기에 심히 좋았더라…"(창세기 1:31)라는 깊은 믿음 속에서 위대한 낙관주의를 담고 있는 책이기도 합니다. 지극히 인간적이면서 자비와 관대함으로 가득한 책입니다. 진리에의 확신, 그리고 관대함이라는 깊은 동정의 요구, 이것이 바로 우리 믿음의 전통에 담겨 있는 두 겹의 본질인 것입니다. 이 본질을 명심하며 함께 성경공부를 이어나가기를 바랍니다.

2024년 3월

주한 이스라엘 대사 **아키바 토르**(Akiva Tor)

태초에

유대교와 기독교 전통을 지닌 사람들이 함께 성경을 공부하면서 하나님의 말씀을 어떻게 이해하고 있는지를 살펴본다는 것은 정말 멋진 기회이며, 참여한 사람들 모두에게 놀라운 경험이 될 것이라 생각합니다. 아울러 저는 청취자 여러분들과 함께 이스라엘의 자녀들을 그들의 땅에 모으겠다고 한 성경의 약속이 실현된 현대 이스라엘 국가에 대한 이야기도 같이 나눌 수 있기를 희망합니다. 우선 우리는 처음의 이야기, 태초의 이야기부터 시작해야 할 것 같습니다.

토라는 왜 창조의 이야기로 시작하는가?

"태초에 하나님이 천지를 창조하시니라"(창세기 1:1).

성경주해로 가장 유명한 유대인 주석가는 랍비 슐로모 이츠하키

(Rabbi Shlomo Yitzhaki)라는 학자입니다. 흔히 그 이름의 머리글자를 따서 라시(Rashi)라 불리는데 그는 1040년에 프랑스 북부에 위치한 샹파뉴 지방의 트루아에서 태어났습니다. 1096년에 제1차 십자군 원정으로 인해 수많은 유대인들이 학살당했습니다. 그러한 학살에 대한 소식이 라시의 건강에 영향을 미쳐 1105년에 그 후유증으로 생을 마감할 때까지 그곳에서 히브리어 성서 및 탈무드의 주해를 다수 남겼습니다. 항상 텍스트의 의미를 간결하게 설명하려고 노력했던 라시는 토라, 즉 구약성서의 첫 다섯 편에서는 단어 하나하나가 다 중요하고 필요한 것이라 생각했으며, 혹 어떤 단어나 세부사항이 불필요한 것처럼 보인다면 필시 더 심오한 어떤 뜻이 담겨 있으리라 믿었던 사람입니다. 유대인들 사이에서 가장 잘 알려진 주석가였던 라시, 그래서 우리는 토라를 이해하는데 어려움에 봉착할 때마다 그의 주석을 참고합니다.

라시는 설명이 아니라 질문으로 그의 위대한 주석을 시작합니다. '왜 토라는 세상의 창조와 함께 시작되는 것일까?' 바로 이 질문입니다. 토라의 목적이 우리에게 어떻게 살아야 하는지를 들려주는 데 있다면, 십계명의 첫 계명으로 시작해야 옳지 않은가? 사실 그 첫 계명이라는 것이 출애굽기에 가서야 비로소 등장하는데, 그 까닭은 무엇인가? 좀 더 알기 쉽게 우리는 이렇게 물어볼 수 있는 겁니다. 성경이 우리가 어떻게 살아야 하는지를 알려주는 가장 기본적인 규칙인 십계명으로 시작할 수 있었는데도 창조 이야기부터 시작하는 이유는 무엇일까?

사실 라시의 설명은 놀랍도록 정치적이며, 대단히 현대적이라 할 수 있습니다. 현대 시오니즘(Zionism)이 출현하기 8백 년 전에 라시의 설명과 같은 답변을 내놓는 것은 실로 상상하기 어려운 일입니다. 그는 말합니다. 창조부터 시작하는 것이 필요했다고. 왜냐하면 이스라엘 땅에 아브라함보다 먼저 가나안 민족이 살고 있었는데도 불구하고 누가, 왜 그 땅이 유대민족의 땅이냐고 유대민족에게 묻는다면, 하나님이 온 우주를 창조하셨고 그 권능으로 창조주인 그분이 적합하다고 생각하는 민족에게 그 땅을 할당했기 때문이라는 대답이 나올 수 있어야하기 때문입니다.

과학과 종교

솔직히 말씀드리면, 저로서는 라시의 답변이 그리 만족스럽지 않습니다. 그리고 라시가 던진 질문에 제가 전적으로 동의하는지도 확신할 수 없습니다. 하지만 성경이 시작할 부분에서 정확하게 시작하고 있는 것은 분명한 게 아닌가, 이런 생각은 듭니다. 왜냐하면, 인류의 가장 근본적인 질문 – 우리가 어떻게 이곳에 왔으며, 왜 우리가 존재하는가? 왜 만물이 존재하는가? 세상에 과연 의미가 있는 것인가? 우리를 만드신 이는 누구인가? 과연 우리 세상은 도덕적인 세상인가? – 이런 질문에 대한 답변을 하려면 태초부터 시작해야 하기 때문입니다.

여러 가지 면에서 볼 때 그런 질문들은 과학적인 질문입니다. 따라서 그런 점에서 저는 유대교와 기독교의 종교적 핵심이 바로 과학적인 탐구, 즉 질문에 대한 대답과 그 근거를 밝히려는 노력이 아닌가 생각합니다. 12세기에 이슬람국인 스페인과 이집트에 살았던 유대교의 가장 위대한 철학자인 마이모니데스(Maimonides)는 유대인의 법을 간결하면서 상세하게 알려주는 책인 『미슈네 토라』(Mishneh Torah)를 집필했습니다. 그 책에 나오는 첫 번째 계명 – 성경에서는 첫 번째로 나오는 계명이 아니지만 – 이 바로 "하나님이 계심을 알아야"한다는 것입니다. 마이모니데스는 그 계명을 이렇게 설명합니다.

> "모든 토대와 지혜의 기둥의 근본은 만물을 존재하게 한 원초적 존재가 있다는 것을 아는 것이다. 하늘과 땅, 그리고 그 사이에 있는 모든 존재는 그분이 계시다는 엄연한 진리로 인해서만 그 존재가 가능하기 때문이다."

> "하나님을 사랑하고 경외하는 길은 무엇인가? 그분의 경이롭고 위대한 행위와 모든 피조물을 깊이 생각하고 그 무엇과도 비교할 수 없는 그분의 무한한 지혜를 헤아린다면 누구라도 그 즉시 그분을 사랑하고 찬미하며 칭송하게 될 것이다."

마이모니데스는 맹목적인 믿음을 통해서는 하나님을 알 수 없다고 생각했습니다. 오히려 온전한 질서와 참으로 아름다움 가운데 있는 세상을 바라봄으로써, 그리고 세상엔 반드시 의미가 있고 창조주가 존재한다는 것을 이해함으로써 하나님을 알 수 있다고 믿었습니다. 마이모니데스에게는 과학적 탐구와 종교적 탐구가 서로 다른 것이 아니었습니다. 그 둘은 하나의 길이었던 것입니다.

어떤 의미에서 보면 마이모니데스는 라시의 물음, '왜 토라는 첫 번째 계명이 아니라 창조로 시작하는가?'라는 이 물음에 대해 자신의 답을 내놓은 것입니다. 하나님을 아는 것이 첫 번째 계명이라면, 우리는 그 하나님을 어떻게 알 수 있습니까? 바로 세상의 기원과 정연하고 보기에 좋은 창조된 질서를 생각해야 알 수 있기 때문입니다.

아인슈타인의 종교적 신념

이런 생각을 가장 잘 표현한 사람으로 알베르트 아인슈타인(Albert Einstein)을 떠올릴 수 있습니다. 그는 이렇게 말했습니다.

"종교가 없는 과학은 절름발이이고, 과학이 없는 종교는 눈먼 것이다.··· 자연의 법칙을 관찰할 때면 경외감을 느끼지 않을 수 없다. 입법자 없이는 법이 없다면 그 입법자는 누구인가? 우리는 어떤 법칙에 따라 경이롭게 정렬된 우주를 보지만, 그 법칙을 그냥 어렴풋이 이해하고 있을 뿐이다. 한계가 있는 인간의 사고로는 별자리를 움직이는 그 신비스러운 힘을 파악할 수가 없다."

아마도 바로 여기서 과학이 끝나고 믿음이 시작되는 것일 겁니다.

혼돈과 창조행위

"땅이 혼돈하고 공허하며 흑암이 깊음 위에 있고 그리고 하나님의 영은 수면 위에 운행하시니라"(창세기 1:2).

'형태도 없고 공허한' – 히브리어 문구로는 '토후 바 보후'(tohu va'vohu)라고 하는데 실제로는 정확하게 번역하기 어려운 문구입니다. 현대 히브리어에서는 혼돈의 상황을 나타낼 때 이 문구를 사용합니다. 가령, 아이들 방에 들어갔을 때 장난감이 온데 널브러져 있는 광경을 보았을 때, 우리는 이렇게 말할 수 있습니다. "이거 완전히 '토후 바 보후'로군." 엉망진창이란 뜻이지요. 오늘날엔 그런 뜻으로 많이 쓰입니다. 그런데 우리가 알아두어야 할 것이 있습니다. 그것은 혼돈이 없으면, 즉 '토후 바 보후'가 없으면, 창조행위도 이뤄질 수 없다는 사실입니다. 그렇습니다. 무질서가 없으면 우리는 질서라는 용어를 내세울 수가 없는 것입니다.

이런 생각은 테크놀로지 분야에서 자주 언급되는 '파괴적 혁신'이라는 개념과 비슷하다고 할 수 있습니다. 파괴를 통해 새로운 것으로 나아간다는 의미이겠지요. 우리는 인생을 살아가면서 '기존 질서'라는 것 때문에 앞길이 가로막히는 일을 수없이 경험합니다. 그것만 없으면 우리가 생각하는 새로운 길을 개척할 수 있을 텐데 말이죠. 여기에 재미있는 것이 있습니다. 토라가 분명 질서와 질서가 잘 잡힌 사회를 내세우고, 또 토라라는 말이 넌지시 질서를 암시하는 가르침이라는 뜻을 지니고 있지만 정작 토라가 우리에게 들려주는 것은 혼돈에 가치가 있다는 사실입니다. 바로 "하나님의 영은 수면 위에 운행하시니라"라는 토라의 가르침이 그것입니다. 고정된 형태를 거부하는 물, 일정한 형태 없이 흐르는 물, 아주 쉽게 수증기에서 액체로 그리고 단단한 얼음으로 변하는 물, 그 물보다 더 혼돈의 상태에 있는 것이 무엇이 있겠습니까? 하나님의 영이 그 혼돈의 물 위에서 창조행위를 하셨다는 의미입니다. 그 혼돈의 물을 우리는 대홍수의 시대에 다시 마주하게 될 것입니다.

창조된 질서는 근본적으로 좋다

"하나님이 이르시되 빛이 있으라 하시니 빛이 있었고 빛이 하나님이 보시기에 좋았더라 하나님이 빛과 어둠을 나누사"(창세기 1:3-4).

창조의 이야기에는 "좋았더라"라는 말이 7번 나옵니다. 빛, 땅과

하나님이 이르시되 빛이 있으라 하시니 빛이 있었고 (창세기 1:3).

바다, 초목, 별과 행성, 물고기와 새, 육지 생물 그리고 마지막으로 창조된 질서 전체를 두고 "좋았더라"라고 한 것입니다.

> "하나님이 지으신 그 모든 것을 보시니 보시기에 심히 좋았더라 저녁이 되고 아침이 되니 이는 여섯째 날이니라"(창세기 1:31).

피조물을 총체적으로 보니 좋았을 뿐 아니라 "심히 좋았더라"라고 말씀하십니다. 그렇다면 피조물이 좋았다는 것은 어떤 의미일까요?

토라는 사람과 사회와 자연과 동물을 근본적으로 낙관적인 시각에서 바라봅니다. 심지어 생명이 없는 물리적 법칙의 경우도 마찬가지입니다. 물론 토라가 비과학적인 용어로 쓰여 있긴 하지만, 폴 데이비스(Paul Davies)나 스티븐 호킹(Stephen Hawking)과 같은 물리학자들이 지적하는 바와 같이, 물리학의 법칙에도 생명의 출현을 가능하게 하는 아주 정교한 물리적 상수가 포함되어 있는 것입니다. 다시 말해, 우주는 생명을 위해 미세하게 조율된 것이며 이러한 의미에서 피조물은 보기에 "심히 좋았[던]" 것입니다. 분명히 그렇게 이해해야 하는 것입니다.

이러한 낙관론은 1968년 크리스마스이브에 달을 돌고 있던 아폴로 8호(Apollo 8)의 우주비행사들도 지니고 있던 시각이었습니다. 그들은 지구를 향해 이런 메시지를 던졌습니다.

> "… 그리고 우리 아폴로 8호의 승무원들은 이렇게 말을 맺으려 합니다.

좋은 밤, 행운을 빌며, 메리 크리스마스 – 여러분 모두에게, 보기에 좋은 지구에 계신 여러분 모두에게, 하나님의 축복이 있기를 바랍니다."

조종사 윌리엄 앤더스(William Anders)가 찍은 사진인 '지구돋이'(Earthrise)는 우주에서 처음으로 본 지구의 모습을 찍은 사진이었습니다. 어떤 의미에서 그 사진은, 감히 말하자면 인류가 하나님의 관점에서 처음 바라본 지구의 모습을 담고 있는 것일지도 모릅니다. 그 사진으로 인해 매우 설득력 있는 강력한 생태학적 운동이 시작되었습니다. 그리고 그것은 다름 아닌 바로 성경의 명령이기도 합니다.

아폴로 8호 조종사 윌리엄 앤더스가 우주
에서 처음 본 지구를 찍은 사진
사진 NASA

"여호와 하나님이 그 사람을 이끌어 에덴동산에 두어 그것을 경작하며 지키게 하시고"(창세기 2:15).

여자가 그 나무를 본즉 먹음직도 하고 보암직도 하고 지혜롭게 할 만큼 탐스럽기도 한 나무인지
라 여자가 그 열매를 따먹고 자기와 함께 있는 남편에게도 주매 그도 먹은지라 (창세기 3:6).

세상이 '더 좋은' 세상이 될 수 있을까요? 완벽한 세상이 가능할까요?

온갖 질병, 암, 코로나19, 도저히 치유할 수 없는 질환 누구든 경험하는 이런 것들을 과연 '심히 좋은' 세상의 일부라고 할 수 있을까요? 질병으로 고생하는 사람이나 사랑하는 사람이 고통 중에 있는 사람들은 도저히 받아들일 수 없겠지만, 저는 하나님의 관점에서 볼 때 이 모든 끔찍한 질병들도 '심히 좋은' 창조된 질서의 일부라고 믿습니다. 왜냐하면 바이러스나 위험한 질병을 발생시키는 물리학적, 생물학적 법칙 역시 생명을 잉태하는 법칙의 일부이기 때문입니다.

끔찍한 역사적 사건들 – 전쟁, 홀로코스트 등 – 은 모두 인류가 자유의지를 행사한 결과로 벌어진 일들입니다. 하지만 자유의지가 없다면 인간이 주어진 자신의 운명을 실현시킬 수 있을까요?

창조된 질서가 현재보다 더 좋아질 수 있을까요? 하나님이 세상을 보시기에 "심히 좋았더라"라고 한 성경의 말씀에 주목하십시오. 성경에는 창조된 질서가 '완벽하다'고 기록되어 있지 않습니다. 현대 히브리어로 '완벽한'(perfect)이라는 뜻의 '무썰람'(mushlam)이란 말이 성경에는 나오지 않습니다. 대신 '흠이 없다', '결함이 없다'라는 뜻의 '타밈'(tamim)이라는 말만 나올 뿐입니다.

그래서 저는 확신합니다. 토라는 어떤 완벽한 세상에 대한 믿음을 내보인 것이 아니라 오히려 항상 개선할 수 있고 더 나음을 원하고 추구하는 심히 좋은 세상에 대한 믿음을 내보이고 있다고 말입니다.

저는 이스라엘 외교관으로서 가끔 어쩔 수 없이 완벽하지 않은 결정을 내려야 하기도 합니다. 제가 흠 없이 완벽한 도덕적 위치에 있지 않다는 것을 보여주는 반증입니다. 사실 우리가 사는 세상은 불완전한 세상입니다. 그런 세상에서 외교관으로 일하다보면 민족국가의 관계가 사람들 사이의 관계보다 더 거칠고 냉혹한 관계라는 것을 절실히 경험하게 됩니다. 그러나 동료들과 논의하는 과정 속에서 우리는 유대 국가의 국민이라는 의미가, 아무리 어려운 상황에 처하더라도 가능한 한 좋은 사람이 되어 모든 일에 대처해야 한다는 것이라고 이해하게 되었습니다.

도덕적 가치도 창조된 질서의 일부일까요?

선과 악, 옳고 그름과 같은 도덕적 가치가 객관적인 도덕적 사실로서 창조된 질서에 속하는지 아니면 인간이 만든 구성물인지를 놓고 도덕 철학자들 사이에 논쟁이 벌어지고 있습니다.

유대교와 기독교에서 우리는 창조된 세계의 구조 속에 도덕적 가치가 들어 있는 것이 당연하다는 믿음을 가지고 있습니다. 우리는 역사 속에서 이루어진 특정의 행위를 서로 다르게 해석할 수는 있습니다. 그렇지만 도덕성과 근본적인 윤리적 가치들은 창조된 자연 질서의 일부라고 우리는 믿고 있는 것입니다.

저는 이것이 "하나님이 지으신 그 모든 것을 보시니 보시기에 심히

하나님이 지으신 그 모든 것을 보시니 보시기에 심히 좋았더라 저녁이 되고 아침이 되니 이는 여섯째 날이니라 (창세기 1:31).

좋았더라"라는 구절의 또 다른 의미라고 생각합니다. 성경은 '보라, 모든 것이 균형을 이루고 있으며, 세상은 아름다웠다' 이런 식으로 말하지 않고, 그냥 '세상은 좋았다'라고 말합니다. 이것은 우주가 도덕적이라는 것을 의미한다고 저는 이해하고 있습니다. 어떤 신비한 방식으로 도덕은 창조된 세계의 구조 속에 내재되어 있는 것입니다.

창세기에 대한 초기 사색적인 주석인 『베레쉬트 랍바』(Bereshit Rabbah)에서 랍비들은 토라가 창조 이전에 있었는지, 아니면 그 자체가 창조 질서의 일부인지를 묻습니다. 랍비들의 견해는 토라가 창조 이전에 있었고 하나님께서 당신의 일을 행하실 때 그것을 지침으로 사용하셨다는 것입니다.

요한복음 1장 1절에 나오는 말씀, "태초에 말씀이 계시니라 이 말씀이 하나님과 함께 계셨으니 이 말씀은 곧 하나님이시니라"에도 비슷한 생각이 담겨 있습니다.

토라나 말씀이 천지창조보다 앞선다는 것은 무엇을 의미할까요? 그것은 피조물이 만들어지는 도덕적 틀이 있다는 것을 의미합니다.

선한 일, 선한 행위, 선한 의도는 그것들이 효과가 있건 없건, 보상이 있건 없건, 항상 의미를 지니고 있습니다. 우리가 그것을 어떻게 설명할 수 없을지라도 성경은 다음과 같이 알려줍니다.

"하나님이 지으신 그 모든 것을 보시니 보시기에 심히 좋았더라"(창세기 1:31).

노아

유대인 공동체에서는 안식일인 토요일 아침에 '매주 할당된 토라의 한 부분'을 읽는 것이 관례입니다. 토라가 54개의 부분으로 나누어져 있는 것도 그런 까닭입니다. 우리가 이번에 같이 공부할 부분이 대홍수에 관한 것인데, 그 부분이 아직도 '노아에 관한 부분'이라고 불리고 있습니다. 그 이유는 첫 구절이 "이것이 노아의 족보니라"로 시작되기 때문입니다. 그렇다면 홍수에 관한 부분을 대재앙의 이름이 아닌 한 영웅의 이름을 따서 부르는 것은 무슨 까닭일까요? 그것은 그 안에 더 깊은 이유가 있기 때문이 아닐까 싶습니다.

노아는 누구인가?

과연 노아는 어떤 사람인가요? 도덕적 영웅이자 구원할 가치가 있는 인류의 유일한 잔존자이었을까요? 인간은 물론 자연마저도 돌이

물이 더 많아져 땅에 넘치매 방주가 물 위에 떠 다녔으며(창세기 7:18). 내가 내 무지개를 구름 속에 두었나니 이것이 나와 세상 사이의 언약의 증거니라 (창세기 9:13).

킬 수 없을 정도로 철저히 타락한 세상에서 그는 정말 순수하고 죄 없었던 사람이었을까요? 아니면 그는 소돔을 변화시킬 수는 없지만 그들에게 벌을 내리지 말아달라고 하나님과 담판을 한 아브라함과 비교해볼 때, 자기 개인의 도덕적 고결성은 유지했지만 세대를 변화시키거나 혹은 적어도 창조주 앞에서 그들을 변호할 능력은 없었던 영웅은 아니었을까요? 그는 하나님과 친밀한 관계를 가진 사람이었을까요, 아니면 인류의 구원을 탄원하는데 필요한 '후츠파'(chutzpah), 즉 담대함을 지닌 사람이었을까요?

"이것이 노아의 족보니라 노아는 의인이요 당대에 완전한 자라 그는 하나님과 동행하였으며" 창세기 6장 9절 말씀입니다. 히브리어로 다음과 같이 읽습니다.

> 엘라 톨돗트 노아흐, 노아흐 이쉬 짜디크, 타밈 하야 베도로타크, 에타 하 엘로킴 히탈레크 노아흐
>
> (.אלא תולדות נוח, נוח איש צדיק, תמים היה בדורותיו, את האלוקים התהלך נוח).

"당대에 완전한 자"를 킹 제임스(King James) 번역에서는 "그 세대에 흠이 없는" 사람이라고 표현하고 있습니다. 성경에 불필요한 단어가 없다고 믿는 성경의 위대한 유대인 주석가인 라시는 '당대에'라는 표현에 주목하면서 두 개의 랍비 전통을 인용합니다. 일부 랍비들은 이것을 사악한 환경에서도 의로움을 잃지 않았던 노아의 공덕을 말하는 것으로 설명합니다. 하지만 보다 지배적인 전통적 랍비의 해석에

따르면, 노아가 처한 주변 환경에 비해서는 의로운 사람이지만 더 나은 시대에는 그렇게 특별한, 예외적인 사람으로 간주되지 않을 수도 있다는 것입니다. 라시는 토라에 노아가 '하나님과 동행'했다는 말씀을 보면 노아가 하나님의 지원을 받았음에 틀림없다고 지적합니다. 그런데 아브라함의 경우, 창세기 24장 40절에 보면 "내가 섬기는 여호와께서"라고 하는데 그 섬긴다는 것이 '하나님 앞에서 걸었다'라는 뜻입니다. 즉, 그는 앞서 길을 내는 개척자였던 것입니다. 이런 점에서 두 사람이 차이가 나지 않습니까?

우리는 아브라함에게서 포도주에 취해 자기 아들 함에게 저주를 퍼부었던 노아와 같은 모습을 상상할 수 없습니다. 이런 의미에서 노아는 이삭에 조금 더 가깝다고 볼 수 있습니다. 순수한 영혼이지만 더 수동적이고 내성적인 사람인 것입니다.

랍비의 전통적인 주석은 아마 노아의 이름에 영향을 받았던 게 아닌가 싶습니다. 히브리어로 노아는 '순종하는, 안락한, 편안한'이란 뜻을 갖고 있으며, '휴식'이라는 단어의 어원이기도 합니다. 어쩌면 그런 성향은 도덕적으로 완전히 타락한 시대에 필요한 영적 리더십이 아닐 수도 있는 것입니다.

이런 식으로 얘기하면, 우리가 모든 생명들을 구하고 120년에 걸쳐 방주를 만드는 거대한 건축 프로젝트를 시작한 사람에게 너무 가혹한 대접을 하고 있는지도 모르겠습니다. 하지만 당대에도 그 방주를 만드는 일은 필시 엄청난 비웃음을 불러일으켰을 것입니다. 과연 그 방주 자체가 귀를 열고 듣고자 하는 사람들에게 큰 교훈의 메시지를 주었을까요?

여기에 꽤 흥미로운 사실이 하나 있습니다. 라시가 노아의 성격에 대해 언급하며 인용하는 주요 주장들이 실은 이스라엘 땅의 중요한 탈무드 학자였던 랍비 요하난(Yochanan)과 레쉬 라키쉬(Resh Lakish)의 견해라는 사실입니다. 랍비 요하난은 비교적 부유한 집안에서 태어나 어렸을 적부터 토라 공부를 한 사람입니다. 반면에 레쉬 라키쉬는 도적이었고, 한때는 검투사였다는 이야기도 있습니다. 그런데 이 두 사람이 어느 강에서 만났고, 그때부터 랍비 요하난이 레쉬 라키쉬를 율법의 세계로 인도하게 되었다고 합니다. 그들은 처남 매부가 되었고, 헌신적인 친구가 되었고, 학문의 전당에서 계속해서 끝없는 토론을 벌인 것으로 유명합니다. 폭력적인 사회 환경 속에서 범죄를 저지르며 자란 레쉬 라키쉬는 노아를 상당히 호의적인 시각에서 바라봅니다. 사악했던 시대에도 의로웠던 노아인데 만일 더 좋은 환경에서 살았다면 얼마나 더 선하고 의로운 삶을 살았을까 하는 겁니다. 반면에 특권층 출신의 랍비 요하난은 정반대의 의견을 내놓습니다. 노아가 처해있던 상황을 고려하지 않은 채, 그가 의로운 사람이긴 하지만 그리 특별나지 않다는 것입니다.

흥미롭지 않습니까? 그 두 사람처럼 우리는 우리 자신의 사정과 배경 및 개인 역사를 토라 연구에 개입시킵니다. 어쩌면 당연한 것이기도 하지만 그래도 균형을 잘 잡아야 합니다. 저는 레쉬 라키쉬의 사회적 전망에 공감합니다. 그러나 우상을 만들던 아버지 데라의 집에서 시작된 아브라함의 생을 그 무엇에 비교할 수 있을까요?

저로서는 홍수의 부분이 상당히 어려운 부분입니다. 지난번에 하나님께서 "심히 좋았더라"고 하신 말씀에 대해 언급했는데 아니, 그랬던 세상이 어떻게 해서 타락하고 부패한 세상이 되었을까요? 저는 노아가 피조물을 위해 하나님께 간청을 했으면 어땠을까, 이렇게 생각도 해봅니다. 어쩌면 처음부터 다시 시작해서 이렇게 물을 수도 있습니다. 홍수 그 자체가 창조 행위의 필수적인 부분은 아니었을까? 이 물음은 더 심오한 질문으로 이어질 수 있습니다. ─ 과연 홍수는 피할 수 없었던 사건이었을까? 묘목 가지치기하듯 그렇게 단번에 모든 것을 끝내야 했을까? 혹은 그 일이 그렇게 불행한 일이었을까? 이 문제가 저에게는 아직도 매우 어렵고 불가사의한 문제로 남아 있으며, 매년 회당에서 홍수 부분을 읽을 때마다 그 문제를 떠올리곤 한답니다.

저는 시간이 된다면 여러분들에게 성경이 어떤 식으로 이스라엘 현대 문화의 한 부분이 되고 있는지를 소개하고 싶습니다. 어쩌면 한국인인 여러분 모두가 공감할 수 있는 부분일지도 모르겠습니다. 1980년대 중반에 이스라엘은 많은 사상자를 낸 레바논 전쟁에서 어렵게 벗어나고 있었습니다. 극심한 인플레이션으로 인해 경제가 몹시 어려운 지경에 처했었고 국가 지도력에 대한 불만도 팽배해 있던 시절이었습니다.

그 당시 이스라엘의 록 가수인 샬롬 하노흐(Shalom Hanoch)가 쓴 저항 노래가 라디오를 통해 전파되면서 크게 히트한 적이 있었습니다. 그 노래의 제목이 〈이것은 노아가 아니다〉(This isn't Noah)였습니다. 바로 위로를 주는 리더십이 아니라 또 다른 창조를 추구하는 용기 있는 리더십을 가져야 한다는 의미이지요. 이렇듯 이스라엘에서는 록 문화까지도 항상 성경이라는 렌즈를 통해 세상을 바라보고 있는 것입니다.*

---

* https://shironet.mako.co.il/artist?type=lyrics&lang=1&prfid=960&wrkid=11316
https://www.youtube.com/watch?v=t6urEwJeGMY

바벨탑

1.

"온 땅의 언어가 하나요 말이 하나였더라"(창세기 11:1).

중세의 위대한 유대인 주석가인 라시는 궁금했습니다. 과연 태초에 사람들은 정확히 어떤 언어를 사용했을까? 그가 볼 때는 그들이 거룩한 언어, 즉 히브리어를 말했던 것이 분명합니다. 이런 관점에서 보면 히브리어가 언어의 원형, 즉 모든 언어가 그로부터 파생되었고 그 언어들이 다시 돌아가려고 하는 최초의 언어인 것입니다.

오늘날 전 세계가 히브리어를 사용한다고 상상해봅시다. 아마 이스라엘의 정치적 딜레마가 해결될 것입니다. 그 이유는 사람들이 한 언어를 사용하면 서로 공통점을 지니면서 직관적인 친밀감을 공유하게 되기 때문입니다. 이것이 바로 윈스턴 처칠(Winston Churchill)이 영어권 민족동맹을 자주 언급한 이유이기도 합니다. 한국과 이스라엘과 같은 나라의 사람들은 소수민족으로서 스스로의 힘으로 살아가야 합니다. 우리가 사용하는 언어는 우리의 민족공동체 내에서는 우리를 매우 긴밀하게 한데 결속시켜주지만, 세상의 다른 민족들과 이야기할 때는 번역이 필요합니다. 우리 자신을 이해시키기 위해 우리의 생각을 번역해서 들려줘야 하는 겁니다. 언어가 통하지 않으면 다른 언어를 사용하는 민족들은 우리가 자신에 대해 알고 있는 것을 이해하지 못하기 때문입니다.

2.

그러나 그들은 같은 언어뿐 아니라 '같은 말'을 사용했습니다. 킹제임스의 번역은 그것을 "그리고 몇몇 말들"(and few words)로 번역합니다만, 우리는 히브리어 문자 그대로 "유일한 말, 하나 밖에 없는 말" 즉, "sole words, singular words"로 번역합니다. 번역은 그렇다치고, 그런데 그 말들은 무엇이었을까요?

라시는 바벨탑 사건에 관해 랍비들이 제시한 두 가지 견해를 소개합니다. 하나는, 그들이 하늘에 올라가 창조주와 전쟁하기를 원했다는 것이고, 또 하나는 그들이 창공(궁창), 즉 하늘이 다시 무너질지 모르니 천국을 떠받칠 지지대를 구축하자고 말했다는 것입니다.

첫 번째 견해는 그런 연유로 하나님의 가혹한 징벌이 따른다는 것을 보여준다는 점에서 의미가 있습니다. 하지만 라시가 두 번째 견해도 소개한 것을 보면, 우리는 그가 첫 번째 견해를 만족스럽게 생각하지 않는다는 것을 알 수 있습니다. 혹시 그는 이렇게 가정하지 않았을까요? 어떻게 히브리어를 말하는 사람들이 하나님에 대해 반역을 꾀할 수 있단 말인가? 그래서 라시는 그들이 하늘이 무너지지 않게 노력한 것이라는 견해를 더 신뢰했다고 볼 수 있습니다.

우리는 여기서 영화의 한 장면 같은 그림을 그려볼 수 있습니다. 연약한 인류, 대홍수에서 살아남은 사람들, 그리고 시날(바벨론) 계곡으로 함께 이동하고, 함께 어느 한 곳에 머무르며 서로 결속을 다지고, 환경을 보존하기 위한 위대한 프로젝트를 서로 공유했던 그들의 모습. 마치 존 레논(John Lennon)의 노래 〈이매진〉(Imagine)을 듣는 것 같은 느낌이 듭니다.

"…국가도 없고… 누군가를 죽일, 무언가를 위해 죽을 이유도 없겠죠… 종교도 없을 거예요… 모든 인류가 형제처럼 모두가 함께 나누며 살아가는 세상을 상상해 봐요."

3.

"서로 말하되 자, 벽돌을 만들어 견고히 굽자 하고 이에 벽돌로 돌을 대신하며 역청으로 진흙을 대신하고 또 말하되 자, 성읍과 탑을 건설하여 그 탑 꼭대기를 하늘에 닿게 하여 우리 이름을 내고 온 지면에 흩어짐을 면하자 하였더니"(창세기 11:3-4).

또 말하되 자, 성읍과 탑을 건설하여 그 탑 꼭대기를 하늘에 닿게 하여 우리 이름을 내고 온 지면에 흩어짐을 면하자 하였더니 (창세기 11:4).

그래서 이렇게 결속을 다진 사회는 기술을 창안해 냅니다. 그리고 그들은 자신들의 이름을 널리 알려 잊히지 않기를, 또 세상 곳곳에 뿔뿔이 흩어지지 않기를 소망합니다. 그러나 그 결과는 어떻습니까?

"여호와께서 사람들이 건설하는 그 성읍과 탑을 보려고 내려오셨더라 여호와께서 이르시되 이 무리가 한 족속이요 언어도 하나이므로 이같이 시작하였으니 이 후로는 그 하고자 하는 일을 막을 수 없으리로다 자, 우리가 내려가서 거기서 그들의 언어를 혼잡하게 하여 그들이 서로 알아듣지 못하게 하자 하시고 여호와께서 거기서 그들을 온 지면에 흩으셨으므로 그들이 그 도시를 건설하기를 그쳤더라 그러므로 그 이름을 바벨이라 하니 이는 여호와께서 거기서 온 땅의 언어를 혼잡하게 하셨음이니라 여호와께서 거기서 그들을 온 지면에 흩으셨더라"(창세기 11:5-9).

4.

물론 이것은 강력한 바벨론과 지구라트에 있는 그 모든 탑들의 모습입니다. 하나님이 왜 강한 제국을 반대하시는 걸까요? 하나님은 왜 언어와 인종이 뒤섞이고 민족 간의 경쟁이 벌어지는 그런 문화의 다양성을 원하실까요?

우리는 여기서 주 하나님께서 전체주의 사회가 형성되는 광경을 목격하셨음을 알 수 있습니다. 오로지 한 가지 목적을 달성하기 위해

한 방향으로만 치닫는, 흡사 개미 집단처럼 움직이는 사람들의 모습을 보셨다고 생각하지 않을 수 없습니다. 그런 모습이야 말로 스탈린 정권과 같은 모든 독재정권이 바라는 바가 아니겠습니까?

앞서 우리가 혼돈 – '토후 바 보후' – 이 창조의 필수조건이라고 말한 것을 기억하십시오. 하나님은 우리를 세상 곳곳으로 흩어지게 하시기 위해 모든 것을 뒤섞어야 했던 것입니다. 모든 문화, 모든 언어는 새로운 관점과 인간 창의성의 새로운 길을 위한 기회입니다. 하나님은 우리가 바벨론 골짜기에 옹기종기 모여앉아 세상이 다시 범람할까 두려워 숨는 것을 원치 않으십니다. 우리는 안전지대에서 벗어나야 했습니다. 창조주께서 우리가 에덴동산에서 영원히 살지 않기를 바라셨던 것도 혹시 그런 이유가 아니었을까요?

전 세계의 평화를 바라는 유엔의 꿈은 이사야의 꿈과 같습니다. 하지만 오늘날의 세계는 많은 색깔과 많은 아이디어와 한국어, 히브리어, 힌디어, 아랍어, 영어, 중국어 등 다양한 언어로 표현된 수많은 말들이 오가는 세상입니다. 이런 세상에서 우리가 해야 할 일은 상업문화의 획일성에 저항하고 풍부한 다양성에 담겨 있는 심오한 인간성을 바탕으로 우리의 통일성을 찾는 일일 것입니다.

어쩌면 거룩한 언어인 히브리어가 우리와 함께 할 것입니다. 히브리어가 최초의 언어였다면, 그것은 그 이전에 있었던 다른 모든 언어와 근원이 같을 것입니다. 그리고 모든 언어가 공통의 뿌리를 가지고 있다면, 다양한 문화적 차이에도 불구하고 상호 이해가 가능하리라는 것을 우리는 확신할 수 있을 겁니다.

약속의 땅으로 간 아브라함

"여호와께서 아브람에게 이르시되 너는 너의 고향과 친척과 아버지의 집을 떠나 내가 네게 보여 줄 땅으로 가라"(창세기 12:1).

아브라함은 어디에서 여행을 시작했을까요? 그는 자신이 태어난 곳으로 추정되는 갈대아 우르를 떠나 여행을 시작했습니다. 갈대아 우르는 오늘날 페르시아만 어귀에 있는 바스라(Basrah)에서 멀지 않은 이라크 남부에 있는 지역이었습니다. 그곳에서 그는 아버지 데라와 조카 롯과 함께 '비옥한 초승달 지대'를 지나, 튀르키예 국경 근처 하란에 정착했습니다. 그리고 그곳에서 그의 아버지 데라가 죽었습니다.

나이 일흔 다섯에 아브라함은 새로운 땅으로 떠나라는 하나님의 부르심을 받았습니다. 그 부르심을 히브리어 성경에서는 킹 제임스 번역과는 조금 다르게 표현합니다. '너의 고향을 떠나가라'(Go from your country) 대신 너의 고향을 떠나 '너 자신을 위해 가라'(Go for yourself)

혹은 '너 자신을 세워라'(Get yourself)로 읽습니다.

이것은 가족과 과거 사회의 구속 없이 '새로운 출발', '새로운 시작', '새로운 장소'라는 개념을 담고 있습니다. 앞서 혼돈에 대해 말한 것을 기억하십시오. 유대민족의 시작이 그렇듯이 혼란스럽고 불안정한 조건은 창의성과 신선하고 새로운 것을 시작하는 데 중요합니다.

17세기에 많은 유럽 사람들이 자기네가 살던 유럽에서 그들을 구속하던 기존의 삶의 방식을 벗어나 머나먼 새로운 장소인 미국에 왔을 때도 그런 식으로 생각을 했던 것입니다.

> "내가 너로 큰 민족을 이루고 네게 복을 주어 네 이름을 창대하게 하리니 너는 복이 될지라"(창세기 12:2).

유대인 주석가인 라시는 여기에 세 가지 축복, '자손'과 '부'와 '위대한 이름'이라는 축복이 있었다는 사실에 주목합니다. 왜냐하면 고향 땅을 떠난다는 것은 그와는 정반대의 결과, 즉 후손을 많이 둘 수 없고, 부도 축적할 수 없고, 명성 또한 누리지 못하는 결과를 가져오는 것이 보통이기 때문입니다. 그런 연유로 우리는 바로 믿음의 조상 아브라함의 위대함을 말하는 것입니다. 그 무엇도 그를 주저앉게 만들지 않았습니다. 그는 북쪽에서 시작하여 사마리아와 유대를 거쳐 네게브까지 이스라엘 땅 전역을 두루 여행합니다. 그렇게 지나는 동안 그가 마주친 것은 무엇이었을까요? 그를 전혀 반겨주지 않는 토착민들이었습니다. 그리고 얼마 지나지 않아서는 극심한 기근을 만나 잠시나마 애굽으로 내려갈 수밖에 없었습니다.

그러나 아브라함은 애굽에서 다시 돌아왔고, 그런 그에게 하나님이 말씀하십니다.

> "너는 일어나 그 땅을 종과 횡으로 두루 다녀 보라 내가 그것을 네게 주리라"(창세기 13:17).

아브라함은 땅을 주시겠다는 하나님의 약속을 굳게 믿었으며, 아무리 어렵고 힘든 상황이라도 그 약속하신 땅을 소유하고 그곳에 정착하기 위해 자신의 모든 것을 바쳐 열심히 노력했습니다. 비관적인 상황에서도 하나님이 약속하신 희망찬 미래를 확신하는 낙관주의자, 아브라함이 바로 그런 낙관주의인 것입니다.

한국의 성지순례자들이 이스라엘을 방문하면 그 땅이 성경의 말씀대로 '젖과 꿀이 흐르는 땅'이 아니라 불모에 가까운 땅인 것을 보고 충격을 받는다는 얘기를 들었습니다. 그리고 요단강을 방문하고는 한강과 비교하면서 "이건 강도 아니야!"라며 탄식한다는 얘기도 들었습니다.

하지만 그들은 잘못된 눈으로 보고 있는 겁니다. 아브라함의 눈으로 보아야 합니다. 아브라함은 항상 현재 눈에 보이는 '부족함'이 아니라 미래의 '잠재적인 가능성'을 봅니다. 아브라함은 항상 '내가 무엇을 할 수 있나이까?'라고 말할 뿐, '왜 더 좋을 순 없는 건가요?'라고 말하지 않습니다. 우리는 살아가면서 행하는 모든 일에서 아브라함의 아들과 딸이 되어 그가 보는 시각으로 모든 걸 봐야 합니다.

19세기 후반에 들어온 초기 시온주의자들은 이스라엘 땅을 사랑했습니다. 당시 이스라엘 땅은 돌보지 않고 방치된 아주 거친 땅이었습니다. 도적들이 활개 치는 땅에서 말라리아와 굶주림에 시달렸지만 그래도 그들은 '젖과 꿀이 흐르는 땅'을 노래했습니다.

그런 땅에서 그들은 피와 땀을 흘리며 노력했습니다. 최첨단 농업기술과 우유 생산에 대한 노하우를 중국에 수출하는 낙농업을 통해 이스라엘을 풍요로운 땅으로 만들었습니다. 그리고 요단강이 한강이나 미시시피강처럼 크고 넓지 않지만, 우리는 그 강에 선진 담수화시설을 설치하여 물 부족을 극복하였습니다.

그리고 우리는 조상 아브라함처럼 그 땅을 걷는 것을 좋아합니다. 메툴라(Metula)에서 에일랏(Eilat)까지 이어지는 그 땅은 오늘날 '이스라엘 내셔널 트레일'(Israel National Trail)이라고 불리고 있습니다. 그리고 우리는 한국인과 마찬가지로 산행을 좋아하고, 자신이 오른 산들을 하나하나 꼽아보기도 합니다.

항상 아브라함과 같은 사람으로 살아가고, 항상 산을 오르고, 항상 잠재력을 보고 약속의 땅에 도착하시기를 바랍니다.

이스라엘을 축복하다

앞에서 우리는 아브라함의 낙관주의에 관해서 알아보았습니다.
그는 이스라엘 땅을 바라볼 때 약속의 땅을 보았고 그 땅의 척박한
상황 때문에 좌절하거나 낙담하지 않았습니다.

하나님께서 아브라함에게 자손과 창대한 이름이라는 축복을 내리
신 직후에 성경은 다음과 같은 말씀을 들려줍니다.

"너를 축복하는 자에게는 내가 복을 내리고 너를 저주하는 자에게는
내가 저주하리니 땅의 모든 족속이 너로 말미암아 복을 얻을 것이라
하신지라"(창세기 12:3).

이것은 아마도 현대 이스라엘 국가를 지지하는 기독교인들의 근
간이라 할 수 있는 기독교 시온주의를 이해하는데 있어서 가장 중요
한 성경구절일 것입니다. 저는 종종 이 구절이 의미하는 것이 무엇
인지, 혼자 많은 생각을 하곤 했습니다. 이스라엘을 축복한다는 것은

무엇을 의미하는 것일까? 하나님 보시기에 그것이 왜 그렇게 중요했던 것일까? 유대인은 인류의 0.2퍼센트도 되지 않는 소수민족인데, 그런 민족을 축복하는 자가 복을 받는다니 대체 무슨 의미가 숨어 있는 것일까?

저는 이렇게 생각합니다. 이스라엘을 축복하는 것은 그 자체가 보상이고 이스라엘을 저주하는 것은 그 자체가 벌이라고. 이것이 바로 토라가 의미하는 것이기도 합니다.

기원후 70년 제2 성전이 파괴되고, 132-135년에 로마제국에 대항한 유대인 지도자 바르 코크바(Bar Kokhba)의 반란이 실패로 돌아간 후, 유대민족은 세계 곳곳으로 흩어졌습니다. 그들은 배움과 기도와 상업의 공동체를 유지했지만, 거의 2천 년 동안 정치적인 힘이나 자위 수단이 없었기에 도처에서 박해를 받아야 했습니다. 거의 모든 아랍 국가들과 유럽에서 오랜 세월 실질적인 공동체를 유지하며 존재했음에도, 그 이국땅에서 온갖 박해를 받으며 살아야 했습니다.

유대인들은 토지를 소유할 수 없었고, 많은 분야에서 취업이 제한되었으며 고등교육도 받을 수 없었습니다. 자주 폭력의 대상이 되거나 죽임을 당했으며 개종을 강요받는 일이 다반사였습니다. 간단히 말해, 그들은 증오의 대상이었습니다. 바로 반유대주의(antisemitism)에 담겨 있는 의미, 즉 근거 없는 증오의 대상이었습니다.

그런데 우리는 유대인을 추방한 모든 나라가 심각한 사회적 쇠퇴를 피하지 못했음을 알 수 있습니다. 1492년에 기독교국인 스페인은 종교재판을 시작하면서 개종하지 않은 모든 유대인을 추방했습니다. 이로 인해 종교재판 전까지 상당히 포용적이었던 스페인은 금융, 과학, 의학, 철학 및 예술 분야에서 가장 재능 있는 사람들을 잃고 수세기 동안 쇠퇴의 길을 겪기 시작했습니다.

오늘날 이라크에서는 이스라엘을 건국한 해인 1948년에 전체 유대인 공동체를 강제로 추방시켰던 일이, 오히려 이라크에게 큰 손실이었음을 인정하기 시작하는 목소리들이 비록 작긴 하지만 점점 더 확산되고 있는 추세입니다. 그 추방으로 인해 창의적이고 교육받은 중산층이 서서히 파괴되기 시작했고, 또한 그것이 오늘날 중동의 많은 지역에서 기독교 공동체에 대한 박해의 전조였기 때문입니다.

여기서 우리는 유대인 이민을 환영한 미국처럼 이스라엘을 축복한 나라들이 축복 받고, 제정 러시아와 그 이후 소련처럼 유대인들을 박해한 나라들이 급격히 쇠퇴함을 분명하게 확인할 수 있습니다. 아울러 제2차 세계대전 시 독일과 그 동맹국을 궁극적으로 파멸시키고 말았던 나치즘(Nazism), 그 나치즘을 떠받치고 있던 기둥이 바로 히틀러의 유대인에 대한 광적인 증오였다는 사실을 우리는 잊지 말아야 할 것입니다.

우리와 다른 사람들을 포용하는 열린 마음과 그들에 대한 공정한 대우, 그리고 그들의 재능을 존중하는 마음가짐, 그들을 미워하지 않고 환영하는 태도, 이런 것이 바로 풍요롭고 열린사회를 가능하게 하는 가치들입니다. 또한 이런 것이 바로 이스라엘을 축복하는 것이 축복으로 돌아오는 이유이기도 합니다. 자신들이 지닌 인류애의 본능에 따라 이스라엘을 축복하기로 선택한 사회, 그 사회가 곧 올바른 방향으로 나아가는 사회이며 축복받는 사회인 것입니다. 반면에 유대인을 증오하는 사회는 증오로 가득 찬 사회이며, 재능을 더 큰 선(善)에 보탬이 되는 것이 아니라 경쟁으로 보는 사회입니다. 편협한 태도로 스스로를 저주하는 사회입니다.

그럼에도 불구하고 아직도 반유대주의가 존재합니다. 세계의 많은 곳에서 현대적 형태의 반유대주의가 활개치고 있습니다. 특히 도처에 난관이 도사리고 있는 적대적인 지역에서 스스로를 방어하기 위해 애쓰는, 작지만 재능 있는 나라인 현대 이스라엘 국가에 대한 부당한 증오가 인터넷 곳곳을 떠돌고 있습니다. 서구 사회의 극좌와 극우에서도 그런 증오가 나타나고 있습니다. 그러나 잊지 맙시다. 시대와 상관없이 언제나 그것은 질병의 징조, 잘못된 태도의 징조, 무언가가 부패하여 잘못되고 있다는 징조라는 사실을 잊어서는 안 됩니다.

예전에 저는 외교 통로를 통해 반유대주의에 맞서 싸우는 일을 담당했습니다. 우리는 항상 페이스북과 유튜브를 통해 그들의 네트워크에 등장하는 반유대주의, 그리고 이스라엘에 대항하자는 선동의 문제점에 대해 얘기했지만 그들은 듣지 않았습니다. 그런 그들이 지금은 인터넷 상에서 불관용과 편협성이라는 역병에 직면하고 말았습니다. 그 역병으로 인해 그들은 글로벌 뉴미디어 기업으로서 스스로가 해를 입고 있는 중입니다. 이런 사실 또한 자기 축복과 자기 저주의 또 다른 실례인 것입니다.

다행스럽게도 한국은 이러한 태도에서 항상 자유로운 나라입니다. 한국에서 반유대주의나 이스라엘을 증오하는 사람이나 정치인을 찾기는 매우 어려울 것입니다. 오히려 저는 항상 그 반대의 경우를 발견했고, 이것이 한국을 위한 축복의 원천이라고 믿습니다. 이스라엘에 대한 한국의 애정은 너무나 명백하며, 아마도 그런 애정이 제가 매주 토요일 아침 라디오에서 청취자와 같이 성경을 공부하고 이야기할 수 있게 한 것이라 저는 믿습니다.

네게브의 약속

아브라함은 조카 롯과 함께 많은 모험을 경험했던 애굽에서 돌아왔습니다. 아내인 사라는 바로에게 잡혔다가 풀려났고, 아브라함은 아내와 관련된 일로 애굽에서 상당한 부를 얻고 많은 것을 챙겨서 애굽에서 돌아옵니다.

> "아브람이 애굽에서 그와 그의 아내와 모든 소유와 롯과 함께 네게브로 올라가니"(창세기 13:1).

어째서 '애굽에서 올라간다'라고 했을까요? 그가 북쪽으로 여행하고 있었던 것은 사실이지만, 성경이 굳이 북쪽에 대한 우호적 시각을 내보인 것은 아닙니다. 사실 나일강 계곡은 문명의 중심지였습니다. 애굽의 위대함을 나타내는 거대한 도시, 피라미드, 상형문자, 고대 정치질서, 군사력 등 모든 것이 그곳에서 발흥했기에 애굽을 떠나는 것은 어떤 의미에서 올라가는 것(up)이 아니라 내려가는 것(down)

이었습니다.

지리적인 관점에서 보면, 애굽을 떠나 네게브 고원으로 향한다면 그것은 실제로 올라가는 것이라 할 수 있습니다. 애굽의 평균 고도는 321미터이고, 네게브 사막은 약 500미터이기 때문에 올라가고 있는 것이 맞습니다.

그러나 아브라함이 통과해야 하는 시나이반도는 이스라엘 땅보다 훨씬 높은 해발 2천 미터가 넘는 곳에 위치해 있고, 실제로 그곳에서 네게브로 가는 길은 내려가는 길이기 때문에 성경구절대로 지리적 의미에서 위로 올라간다고 하는 것은 잘 이해가 안 됩니다.

그 대답은 이스라엘 땅의 특별한 성격과 관련이 있습니다. 성경에서는 이스라엘 땅으로 가는 길을 항상 '올라가는' 길로 표현합니다. 현대 히브리어에서 유대민족이 이스라엘 국가로 귀환한다는 단어는 '올라가다'를 의미하는 '알리야'(aliyah)라고 표현합니다. 이스라엘의 이민국을 '알리야 국'(Aliyah Ministry) 또는 '올라가는 국'(the Ministry for Going Up)이라고 하는 것도 그런 이유 때문입니다.

이것은 '여망'입니다. 약속의 땅은 사람이 높아지는 곳입니다. 약속의 땅은 물질적이거나 지리적인 땅이 아니며 그 높이 또한 물리적인 높이를 말하는 것이 아닙니다. 영적이고 정신적인 상태를 말하는 것입니다.

그리고 이스라엘 내에서 우리는 항상 "예루살렘으로 올라가라"고 말합니다. 물론 예루살렘이 산악도시인 것은 사실이며 고도 750미터에 있는 그곳은 이스라엘에서 가장 높은 지점 중 하나입니다. 그러나 심지어 누군가가 더 높은 골란 고원(평균 해발 1천 미터)에서 예루살렘으로 여행하더라도 그는 올라간다고 합니다. 높이의 측면에서가 아니라 그 사람의 영적 상태에 대해 말하고 있는 것입니다.

그렇다면 네게브(Negev)라고 불리는 곳은 어떤 곳일까요? '네게브'라는 단어는 히브리어로 두 가지 의미를 가지고 있습니다. 하나는 '남쪽'이란 의미입니다. 또 하나는 네게브가 물이 없는 사막이어서 탁자를 물 한 방울 없이 깨끗하게 닦아내듯이 '(깨끗하게) 닦아낸'이라는 의미입니다. 네게브는 바위투성이의 황량한 곳으로 낮에는 덥고 밤에는 춥지만 그럼에도 또한 매우 아름다운 지역입니다. 나중에 이스라엘 사람들이 그 땅에 들어갔을 때 네게브는 유다와 시므온 지파의 몫에 속하던 지역이었습니다.

이스라엘의 남쪽 절반은 네게브 사막입니다. 이스라엘 전체 면적의 약 60퍼센트를 차지하고 있습니다. 사하라 사막이나 고비 사막만큼 덥고 건조하지는 않지만, 연간 강우량이 북부에서 200밀리미터, 남부에서 50밀리미터 정도로 완전한 사막기후를 이루고 있습니다. 저는 네게브의 한 군사 기지에서 군사훈련을 받았습니다. 이스라엘 방위군 기지의 대부분은 이스라엘 남쪽인 네게브에 있습니다. 그 이유는 그곳이 이스라엘에서 사람이 거주하지 않는 가장 큰 땅이고, 수풀도 없는 척박한 곳이어서 오히려 군사훈련에 매우 적합하기 때문입니다.

이스라엘의 초대 총리인 다비드 벤구리온(David Ben-Gurion)은 그들의 조상 아브라함처럼 네게브에서 모든 약속을 보았던 사람입니다.

1948년 이스라엘 국가가 수립되었을 때, 국토 대부분이 네게브 사막으로 구성되어 있었지만 벤구리온은 그곳에서 새로운 국가의 큰 잠재력을 보았던 것입니다.

그가 즐겨 사용한 유명한 말이 있습니다. "이스라엘의 창의성과 개척 정신은 네게브에서 검증을 받을 것입니다." 나중에 정계를 떠난 벤구리온은 네게브 중심부에 있는 키부츠(Kibbutz, 이스라엘의 집단 농업 공동체)인 스데 보커(Sde Boker)에 정착했습니다. 젊은이들에게 모범을 보이고자 하는 의도였습니다. 지금도 사람들은 스데 보커에 있는 벤구리온의 오두막(Ben-Gurion's hut)을 방문합니다. 저도 아이들과 함께 그곳에 간 적이 있습니다. 그리고 제 사무실에는 그의 초상화와 또 다른 아브라함이라 할 수 있는 에이브러햄 링컨(Abraham Lincoln)의 초상화가 걸려 있습니다.

오늘날 네게브의 주도인 베르셰바(Beer Sheba)에는 '네게브 벤구리온 대학교'가 있습니다. 연구 대학과 의과대학으로 유명한 대학교입니다. 또한 네게브는 태양 에너지를 활용할 수 있는 엄청난 잠재력을 지닌 땅이며, 지중해 연안의 담수화를 통해 충분한 노력을 기울이면 꽃이 피어나는 아름다운 땅이 될 수 있습니다. 또한 그곳의 고원에서 재배한 포도로 만든 와인들이 인기 있는 와인으로 상을 받기도 했습니다.

앞에서도 말했지만, 네게브가 이스라엘 전체 국토의 60퍼센트를 차지하고 있지만 그곳에 거주하는 이스라엘 사람들은 전체 인구의 8퍼센트가 조금 넘는 정도에 불과합니다. 인구의 대다수는 예루살렘과 텔아비브 근처의 국가 중심부에 살고 있습니다. 이런 의미에서 보면, 우리 이스라엘 사람들은 아직 아브라함과 다비드 벤구리온이 우리에게 말한 '네게브의 약속'을 성취하지 못했습니다. 그러나 저는 우리가 결국은 그 약속을 성취할 것이라고 여전히 믿고 있습니다.

왕들의 전쟁
– 의로움에 관한 교훈

앞에서 우리는 아브라함이 아내인 사라와 조카 롯과 함께 애굽에서 돌아온 일과 척박하고 황량한 네게브 사막을 꽃피는 땅으로 만드는 위대한 약속에 대해 이야기했습니다. 아브라함과 사라는 애굽에서 많은 모험을 겪었습니다. 사라는 바로에게 끌려갔다가 풀려나기도 했습니다. 아무튼 아브라함과 함께 여정을 계속해 봅시다.

> "아브람에게 가축과 은과 금이 풍부하였더라 그가 네게브에서부터 길을 떠나 벧엘에 이르며 벧엘과 아이 사이 곧 전에 장막 쳤던 곳에 이르니 그가 처음으로 제단을 쌓은 곳이라 그가 거기서 여호와의 이름을 불렀더라"(창세기 13:2-4).

이것이 대부분의 영어 성경에서 본문이 번역되는 방식이지만, 실제로 히브리어 성경에서는 약간 다르게 표현됩니다. 가령, 아브라함에게 "가축과 은과 금이 풍부하였더라"라는 구절을 히브리어 성경에서는 "가축과 은과 금이 심히 무거웠더라"(베아브라함 카베드 메오드 베미크네 베케세프 우바자브 וַאֲבְרָהָם כָּבֵד מְאֹד בַּמִּקְנֶה בַּכֶּסֶף וּבַזָּהָב)라고 표현합니다.

아브라함은 가나안을 출발하여 한 바퀴 빙 돌아 자신의 여정을 시작했던 그곳으로 다시 돌아왔지만 그게 전부는 아니었습니다. 이제 아브라함은 하나님께서 약속하신대로 부와 이름으로 번영한 사람이 되었습니다. 양이 많은, 무거운 물건들이 아주 좋은 것일 수 있지만 사실 문자 그대로 무겁습니다. 그것에 눌려 일어서지 못할 수도 있습니다. 토라에서는 부(wealth)를 사람을 지치고 힘겹게 하는 것으로 봅니다. 부는 좋은 것이기도 하지만 언제나 책임과 부담이 뒤따르는, 다루기 힘들고 불행을 불러일으킬 수 있는 것이기도 합니다.

랍비 유대교 전통의 많은 윤리적 격언이 들어있는 '교부들의 윤리학'(Ethics of the Fathers) 2장 8절에서 종교 지도자인 힐렐(Hillel)은 다음과 같이 말했습니다. "가진 것이 늘어나면 시름도 늘어난다." 랍비들은 부에 과연 진정한 가치가 있는 것인지 다분히 회의적인 시각으로 바라보았습니다.

아브라함은 물론 조카인 롯도 부유해지면서 바로 그런 일이 벌어졌습니다. 걱정과 시름뿐 아니라 불화까지 생겨난 것이지요. 아브라함과 롯의 목자들이 다투지 않습니까? 성경은 그들의 다툼 내용을 구체적으로 밝히고 있진 않지만 "그 땅이 그들이 동거하기에 넉넉하지 못하였으니 이는 그들의 소유가 많아서 동거할 수 없었음이니라"(창세기 13:6)고 말하는 데서 양쪽의 목자들이 가축을 먹이기 위해 풀과 물을 서로 차지하려고 싸웠으리라는 것을 짐작할 수 있습니다.

라시는 또 다른 설명을 제공합니다. 그는 롯의 가축을 치는 목자들이 다른 사람들의 들에서 풀을 뜯었다고 말하면서, 아브라함의 가축을 치는 목자들은 그런 롯의 목자들에게 도둑질하는 거라고 비난했다고 합니다. 즉, 아브라함뿐만 아니라 그의 목자들도 가나안 땅에 사는 다른 백성의 재산을 존중하고 의롭게 행동했다는 사실에 주목한 것입니다.

아브라함은 높은 길을 택했습니다. 그는 롯에게 우리는 친족이니 서로 싸우지 말자고 말합니다. 그리고 롯이 왼쪽으로 가면 자기는 오른쪽으로 가고, 롯이 오른쪽으로 가면 자기는 왼쪽으로 가겠노라고 합니다(창세기 13:8-9). 그렇게 아브라함이 선택의 우선권을 조카 롯에게 양보하게 되고 롯은 오늘날이야 사해의 영향으로 건조하고 염분이 있는 지역이지만 당시에는 무성한 동산이었던 요단 계곡으로 떠납니다. 오늘날에 소돔 계곡으로 알려진 바로 그 지역입니다. 반면에 아브라함은 유대 산악지대와 아름다워 보이지만 사실은 척박한 헤브론 지역으로 떠나갔던 겁니다.

여기서 하나님은 아브라함에게 다시 한 번 약속을 하십니다. 보이는 땅을 아브라함과 그 자손들에게 주고 그 자손들도 땅의 티끌처럼 많으리라고 말입니다(창세기 13:14-17). 제 생각엔 아직 자손이 없고 게다가 가장 가까운 친족과 헤어진 아브라함, 그렇게 가족이 줄어든 아브라함에게는 그런 식의 격려가 필요했다고 하나님께서 생각하신 게 아닌가 싶습니다.

그러나 가족이나 친족 곁을 떠나 혼자 생존하는 일이 그리 간단하지는 않습니다. 결국 롯은 두 패로 갈린 부족 간의 전쟁에 휘말려 포로로 체포되고 맙니다. 이 소식을 들은 아브라함은 즉각 대응에 나섭니다. 그는 "집에서 길리고 훈련된 자 삼백십팔 명"(창세기 14:14)을 거느리고 단까지 추적하여 밤에 적들을 공격하여 롯을 구해냅니다.

시리아의 수도인 다마스쿠스에서 그리 멀지 않은 곳에 있는 단은 요단강 북쪽 끄트머리, 강의 수원지 바로 근처에 있는 곳입니다. 반면에 소돔은 요단강이 끝나는 사해 옆에 있는 계곡입니다. 그 소돔에서 단까지는 거리가 약 290킬로미터나 됩니다. 소돔에 있던 롯이 그렇게 먼 거리를 끌려간 것입니다. 제가 군사훈련을 받을 당시 훈련을 마치고 베레모를 받기 전까지 받았던 행군 훈련 가운데 가장 긴 행군거리가 120킬로미터였습니다. 갈릴리에서 예루살렘까지 가는 길과 같은 경로의 행군이었습니다. 우리는 공수훈련 등 온갖 훈련으로 단련된 병사들이었지만 그 행군이 가장 힘든 훈련이었고, 행군이 끝나갈 때쯤 우리는 거의 걷지도 못할 정도로 기진맥진한 상태에서 발을 절룩거리고 질질 끌다 시피해서 겨우 행군의 마지막 장소인 통곡의 벽 광장에 들어설 수 있었습니다. 그런데 아브라함과 그가 이끄는 318명의 젊은이들은 우리의 행군 거리보다 3배나 더 먼 거리까지 단숨에 달려가 월등히 수가 많은 적과 싸웠던 것입니다. 이런 점에 비추어보면, 아브라함은 믿음과 성령이 충만한 사람이었을 뿐 아니라 용맹하고 걸음도 빨랐던 사람이었음에 틀림이 없습니다.

하지만 이 이야기에서 더 주목해야 할 부분은 그 다음입니다. 아브라함은 그 어떤 전리품도 취하지 않았으며 오로지 하나님만이 자신을 부유하게 해주시는 분이라고 말합니다. 그러면서 소돔의 왕에게 그에게 속하는 것은 무엇이든 "실 한 오라기나 들메끈 한 가닥도" 갖지 않을 것이라 말함으로써 그 누구도 자신을 부유하게 만들었다고 떠들지 못하게 하였습니다. 하지만 그와 동행한 아넬과 에스골과 마므레에게는 각자의 몫을 나눠주도록 했습니다. 여기에 아브라함의 진면목이 있는 것입니다. 자신에게는 실로 엄격하였지만, 그런 자신의 기준을 다른 사람들에게는 강요하지 않았던 참으로 의로운 사람의 모습 말입니다.

하나님께는 요구하시는 그 어떤 제물이라도 다 바치게 될 아브라함은 자기 자신에게는 엄격한 기준을 요구했던 사람입니다. 그런데 그런 자신의 삶의 기준이나 입장을 다른 이들에게 강요하지 않았습니다. 이처럼 자신에게는 청렴하고 결백한 염결성을 주문하면서도 다른 이들이 내보이는 그 사람 나름의 독립적인 견해나 관점을 존중한 아브라함. 그런 그는 의로운 사람은 어떤 사람이어야 하는지, 그 본보기를 오늘날까지 우리에게 가르쳐주고 있는 사람이었던 것입니다.

예루살렘, 평화의 도시

예루살렘(Jerusalem)은 예수님이 태어나고 모든 크리스마스 이야기가 시작된 곳이자 최후의 만찬이 있었던 성전과 시온산이 있는 곳으로, 베들레헴에서 북쪽으로 12킬로미터, 교통이 막히지 않으면 차로 20분 거리에 위치해 있습니다.

예루살렘에서는 크리스마스를 어떻게 기념할까요? 구(舊)시가지는 기독교 지구, 아르메니아 지구, 무슬림 지구, 유대인 지구 등 네 구역으로 나뉘어 있습니다.

기독교 지구와 아르메니아 지구는 크리스마스를 기념하는 조명으로 장식됩니다. 도시는 기독교의 모든 분파에서 온 수만 명의 순례자들로 가득합니다. 가톨릭과 정교회 신자들은 '성묘 교회'를 방문합니다. 개신교 교파의 신자들은 구시가지 성벽 밖에 해골 모양의 동굴인 골고다가 있는 '정원 무덤'을 방문하는데, 이들은 이곳이 그리스도가 십자가에 못 박히시고 묻히시고 부활하신 역사적 장소라고 믿습니다.

65   ———— Chapter 8 예루살렘, 평화의 도시

자정 미사 때 종소리가 울리고 교회에서는 예배와 크리스마스 캐럴 콘서트가 열립니다. 킹 데이비드 호텔(King David Hotel) 근처의 YMCA에는 조명이 휘황찬란하게 빛나는 가운데 멋진 크리스마스 콘서트가 개최됩니다.

예루살렘은 세계 3대 종교의 성지이며, 1967년 이스라엘의 수도로 재통합된 이후 진정한 종교의 자유가 보장되고 있으며, 각 종교계는 서로 양보하고 서로의 명절을 존중해주고 있습니다.

그렇다면 '예루살렘'이라는 이름은 무엇을 의미할까요? 예루살렘은 히브리어 성경에 660회 이상 언급되지만 이상하게도 모세오경에는 그 이름이 언급되지 않고 그냥 '하나님께서 택하신 곳'이라고만 언급될 뿐입니다.

예루살렘이라는 이름은 매우 오래된 이름으로, 심지어 성경보다 앞서 존재했던 이름입니다. 아브라함은 하나님이 이삭을 제물로 바칠 장소를 보여주셨던 것처럼, 예루살렘을 '하나님께서 보여주실' 곳이라는 의미의 '이레'(Yireh)라고 불렀습니다. 한편 노아의 아들 셈은 그곳을 '평화' 또는 '완결됨'을 의미하는 '살렘'(Shalem)이라고 불렀습니다. 랍비들은 예루살렘이란 이름이 바로 이 두 이름이 합쳐진 것으로 생각했던 것입니다.

다시 말해, 궁극적인 평화를 주시는 분인 하나님이 그 두 이름을 합치셨고 그래서 그 도시의 원래 이름은 '평화가 정착할 곳'이란 의미를 지니게 된 것입니다. 그리고 우리는 간단히 '평화의 도시'라 부르는 것입니다.

랍비들은 실제로 예루살렘을 가리키는 명칭을 70개나 확인했는데 다윗의 도시, 시온, 모리아, 거룩한 산, 하나님의 자리, 정의의 도시 등 많은 명칭들이 있습니다.

그 70개의 명칭들은 모두가 열망의 장소, 완결된 장소, 아름다운 장소, 평화의 장소 등을 암시하는 명칭들입니다. 그런데 흥미로운 것은 랍비들이 성경에서 하나님을 칭하는 명칭이 70개라고 확인했다는 사실입니다. 그러니 예루살렘을 '하나님의 성'이라는 뜻으로 생각했던 것입니다. 실제로 시편에서는 예루살렘을 히브리어로는 '일 하엘로힘'(Ir HaElohim), 즉 '하나님의 성'이라고 표현합니다.

탈무드에 따르면, 10개 분량의 아름다움이 세상에 주어졌는데 그중 9개는 예루살렘에, 나머지 하나는 기타 세계에 주어졌다고 합니다. 그것이 공정한 평가에 따른 할당인지는 확신할 수 없지만 어쨌든 그것은 예루살렘에 대한 랍비들의 태도, 그리고 그들이 그 도시를 얼마나 사랑했는지를 보여주는 것입니다.

랍비들은 또한 예루살렘이 실제로 세계의 중심이라고 믿었습니다. 왜냐하면 성전은 이삭을 결박했던 기초석 위에 세워졌고 유대 전통의 일부 자료에서 이 기초석에서 세상의 창조가 시작되었다고 묘사되고 있기 때문입니다.

유대인들은 항상 예루살렘을 향해 기도합니다. 그래서 우리 유대인들은 여기 한국에서는 서쪽으로 기도하고, 유럽이나 미국에서는 동쪽으로 기도하고, 이스라엘에서는 각자가 있는 곳을 기준으로 예루살렘이 있는 방향으로 기도합니다. 말하자면 유대인들은 항상 스스로에게 '예루살렘이 어느 쪽에 놓여 있지?' 이렇게 묻습니다.

유대인들은 하루에 세 번 기도하며 기도를 드릴 때마다 추방되어 유랑 중인 유대인들이 다시 모여 재건된 예루살렘으로 돌아가기를 염원합니다. 저는 하나님께서 이 기도에 응답하셨다고 믿습니다.

오늘날 예루살렘은 거의 백만 명이 거주하는 이스라엘의 수도로 이스라엘에서 가장 큰 도시입니다. 크네셋(Knesset, 이스라엘 국회), 대법원, 대통령 집무실, 총리실, 대부분의 정부 부처 등 모든 국가기관이 예루살렘에 있습니다.

하지만 우리는 여전히 예루살렘의 재건을 위해 기도하고 있습니다. 아니, 재건되었다고 하더니 또 기도하다니, 자가당착 아니냐고요? 그렇지 않습니다. 유대인과 기독교인은 모두가 믿습니다. 천상의 예루살렘도 있고 지상의 예루살렘이 있다고. 이스라엘 땅에 있는 물리적 도시인 예루살렘, 그리고 세계의 이상을 나타내는 평화의 도시로서의 예루살렘. 우리는 이 두 도시가 서로 연결되고, 두 도시가 서로를 되비추길 기도하는 것입니다.

저는 모든 이들에게 하나님이 말씀하신 평화와 정의의 도시가 이 세상에, 그리고 우리 시대에 어서 세워지기를 기원합니다.

좋은 이름을 얻다

우리는 앞에서 아브라함이 네 왕들을 무찌르고 롯과 모든 포로들을 데리고 온 이야기를 같이 나누었습니다. 아브라함은 오직 하나님만이 자신을 부유하게 해준다고 믿는 사람입니다. 따라서 다른 이들이 나서서 자기가 아브라함을 부유하게 만들어준 사람이라고 떠드는 소리를 듣고 싶지 않았던 아브라함은 그 어떤 보상도 원치 않았고, 나아가 전리품을 챙겨가라는 권유도 그 자리에서 뿌리쳐버렸습니다. 하지만 그는 동행한 사람들에게는 합당한 몫을 주도록 했습니다. 자신에게는 엄격하지만 다른 사람들에게는 관대한 것, 이것이 아브라함의 독특한 의로움이었습니다. 그는 자신이 진실이라고 믿는 것은 엄격히 준수하고 모범을 보이지만 다른 사람들이 나름 판단하고 생각하는 바대로 자신의 길을 찾아가는 그 권리는 존중해 주었습니다. 아브라함은 사람이 어떻게 의롭게 되어야 하는지를 보여주는 모범입니다.

그런 아브라함과 하나님 사이의 많은 대화, 그리고 하나님의 언질이 창세기 15장에서 17장 사이에 나옵니다. 그 대화는 꿈속에 나오기도 하고 환상 속에 나오기도 합니다. 하나님은 아브라함에게 이렇게 말씀하십니다.

> "…하늘을 우러러 뭇별을 셀 수 있나 보라 또 그에게 이르시되 네 자손이 이와 같으리라"(창세기 15:5).

하나님의 말씀은 아브라함에게 반복해서 주어지는 약속이자 스스로에게는 계속되는 시험이기도 합니다. 왜냐하면 아브라함은 늙어 가고 사라도 늙어 가는데 어떻게 그런 일이 이루어질 수 있을지 의문이 들지 않을 수 없었기 때문입니다. 게다가 아브라함은 또 다른 아내를 취해도 되는 당대의 관습을 따르지 않고 아내인 사라에게 평생을 헌신한 사람이었습니다.

그런데 그 땅에서 자녀도 없이 10년이란 세월 – 자녀도 없이 얼마나 쓸쓸하고 막막한 세월이었겠습니까? – 이 흐른 뒤, 사라는 아브라함에게 다른 방법을 시도할 때라고 말합니다. 즉, 자신의 여종인 하갈을 취하라고 하면서 "내가 혹 그로 말미암아 자녀를 얻을까 하노라"(창세기 16:2)라고 말했던 것입니다.

그렇게 해서 하갈이 아들을 낳고 아브라함은 그를 '하나님께서 기도를 들으신다'는 뜻인 '이스마엘'(Ishmael, 히브리어로는 Yishmael)이라고 불렀습니다. 이 이름은 다소 수수께끼 같은 면이 있습니다. 하갈을 통해 아브라함에게 이 아들을 주심으로써 '하나님이 기도를 들으셨다'

그를 이끌고 밖으로 나가 이르시되 하늘을 우러러 뭇별을 셀 수 있나 보라 또 그에게 이르시되 네 자손이 이와 같으리라 (창세기 15:5).

라는 의미일까요, 아니면 '하나님께서 기도를 들으실 것'이라는 뜻으로 나중에 사라를 통해 아들을 주실 것이라는 의미일까요? 히브리어로 이스마엘은 '하나님이 들으시게 하라'는 의미, 즉 기도를 하라는 말로 들립니다. 따라서 이스마엘이란 이름엔 아마도 두 가지 의미가 모두 포함된 것이 아닌가 싶습니다. 하나님이 응답하셨고 나중에 또 응답하신다는 복합적인 의미 말입니다.

그런 다음에 하나님은 아브라함에게 "네 자손이 이방에서 객이 되어 그들을 섬기겠고 그들은 사백 년 동안 네 자손을 괴롭히리니"(창세기 15:13)이라고 말씀하십니다. 아브라함에게 좋은 약속의 언질을 주셨던 하나님은 나쁜 소식도 숨기지 않고 전합니다. 여기서 우리는 하나님과 아브라함이 서로 진실을 주고받는 관계라는 것을 알 수 있습니다.

아무튼 여기서 우리는 성경에 나오는 이름들이 얼마나 중요한 의미를 지니고 있는지 보게 됩니다. 우리 삶에서도 마찬가지지요. 우리가 우리 자녀에게 지어준 이름에는 우리가 그 아이에게 바라는 꿈이 무엇인지, 그 아이에 대해 어떤 소망을 품고 있는지가 담겨 있습니다. 이스라엘에서 유대인 자녀의 히브리어 이름엔 종종 그 아이를 낳을 수 있게 해주신 하나님께 감사를 표하는 의미가 담겨 있습니다. 아이가 부모가 자기 이름을 부르는 소리를 들으면, 그 아이는 아마 부모가 자신을 위해 품고 있는 가장 깊은 믿음과 최고의 바람이 무엇인지를 이해할 수 있을 겁니다. 때문에 이스라엘에서는 아이의 이름을 부르는 것이 교육의 시작이면서 아주 중요한 가르침의 행위라 할 수 있습니다.

이제 하나님은 그동안 아브람이라 불리던 아브라함과 사래라 불리던 그의 아내의 이름을 바꾸십니다.

> "이제 후로는 네 이름을 아브람이라 하지 아니하고 아브라함이라 하리니 이는 내가 너를 여러 민족의 아버지가 되게 함이니라"(창세기 17:5).

아브라함이라는 이름은 히브리어로 '많은 이들의 아버지'와 같은 뜻으로 들립니다. 유대교에서 하나님의 상징인 'Hei'(ח)를 추가하여 하나님과 아브라함과 연결고리가 만들어진 것입니다.

하나님은 또 아브라함의 아내인 사라의 이름을 다음과 같이 바꾸셨습니다.

> "…네 아내 사래는 이름을 사래라 하지 말고 사라라 하라 내가 그에게 복을 주어 그가 네게 아들을 낳아 주게 하며 내가 그에게 복을 주어 그를 여러 민족의 어머니가 되게 하리니…"(창세기 17:15-16).

사라의 이름에도 유대교에서 하나님의 상징인 'Hei'라는 글자가 포함되어 있습니다. 그녀의 새 이름은 '장관' 또는 '고위 관리'로도 이해될 수 있는데 이스라엘의 '여성 장관'을 가리키는 용어로 쓰이는 말이기도 합니다. 그러나 그 이름은 또한 그동안 노력하고 애쓴 사람을 가리키기도 합니다. 그런 의미에서는 사라라는 이름은 히브리어에서 이스라엘이라는 이름과 같은 어근을 지니고 있는 이름입니다. 실제로 사라는 그 이름에 맞게 많은 고생을 하며 살아온 사람이며 이스라엘 백성들의 어머니가 될 것이기 때문에 그녀의 이름은 이스라엘이라는 이름과 연결지어 생각해야 할 이름인 것입니다.

랍비들은 이름이 매우 중요하다고 생각했습니다. 이름은 열망과 여망이며 소원이자 기도입니다. 그러나 가장 중요한 이름은 자신의 행동과 선행으로 스스로 만들어가는 이름일 것입니다. 이름에 합당한 사람이 되는 것보다 중요한 것은 없기 때문입니다. 6세기에서 8세기 사이에 편찬된 전도서 주해서인 '미드라쉬 코헬렛 랍바'(Midrash Kohelet Rabbah)에 이런 내용이 담겨 있습니다.

> "사람은 세 가지 이름으로 세상에 알려집니다. 그의 아버지와 어머니가 부르는 이름, 사람들이 부르는 이름, 그리고 그가 스스로 얻은 이름입니다. 그 중 가장 중요한 이름은 그가 스스로 얻은 이름입니다"(7:1:3).

세상 사람들이 여러분을 어떤 이름으로 부르는지 귀를 기울여보십시오. 그리고 우리 스스로 좋은 이름을 얻을 수 있도록 노력해야 할 것입니다.

아브라함의 장막,
그리고 환대의 중요성

앞에서 우리는 좋은 이름을 얻는 것의 중요성에 대해 이야기했습니다. 우리가 부모님에게서 받은 이름, 사람들이 우리를 가리키며 부르는 이름(학교 이름, 직장 이름 등), 그리고 우리가 우리의 행동과 노력으로 스스로 획득한 이름. 이 중에서 우리에게 어울리는 진정한 이름, 우리의 진짜 이름은 우리 스스로가 얻어낸 이름이라는 것을 같이 이해했습니다.

그런데 여기 창조주께서 주신 이름을 가지고 있는 사람도 있습니다. 아브라함과 사라입니다. 그들의 선함을 인정하신 하나님께서 당신의 이름을 더해 그들의 이름을 직접 지어주셨습니다. 하나님이 히브리어 알파벳의 다섯 번째 글자로 하나님의 상징을 나타내는 'Hei'를 추가하셨던 겁니다. 그 'Hei'라는 이름은 문자 그대로 '이름'을 의미하는 '하쉠'(Hashem)의 약어이며, 우리가 일반적으로 하나님을 부를 때 사용하는 이름입니다.

아브라함은 푹푹 찌는 뜨거운 날에 그의 장막 입구에 앉아 있었습니다. 그리고 그는 세 사람이 여행하는 것을 보았고, 재빨리 그들에게 환대를 베풉니다. 이것이 '아브라함의 장막'(The Tent of Abraham)이라는 개념의 근원인데, 우리가 히브리어로 환대와 나그네에게 친절을 베푸는 것을 의미하기 위해 사용하는 표현입니다

주석가 라시에 따르면, 그날은 할례 3일 째 되는 날이어서 아브라함이 아직 그 고통에서 벗어나지 못한, 몸이 많이 불편한 날이었습니다. 그는 마므레 상수리나무들이 있는 곳에 쳐놓은 자신의 장막 앞에 앉아 있었습니다(그곳은 오늘날 팔레스타인 자치정부가 통제하는 지역인 헤브론 바로 북쪽에 있는 곳입니다). 마므레 상수리나무 숲은 약 9백 미터 높이의 산악지대에 있지만, 그래도 여름에는 아주 더울 때가 있습니다.

랍비들에 따르면, 하나님은 아브라함이 지나가는 사람을 돌보는 것을 원하지 않았기 때문에 그 날을 더 덥게 만드셨다고 합니다. 어쨌든 하나님은 더위에 지쳐 장막 앞에 앉아 있는 아브라함 앞에 세 사람을 보내셨습니다.

아브라함 앞에 서 있는 그 미지의 사람들은 누구였을까요? 성경은 그들이 실제로 '사자'(messenger), 즉 일종의 '천사'이며 그들 각자는 나름의 사명을 가지고 있음을 보여줍니다. 한 사람은 할례의 상처를 낫게 해주려고 아브라함을 찾아왔습니다. 말하자면 하나님께서 친히 아브라함을 찾아 오셔서 그가 어떻게 지내고 있는지 보신 것입니다. 여기서 우리는 병든 자를 심방하라는 계명을 배웁니다.

두 번째 사자는 일 년 내에 사라가 아들을 낳을 것이라는 소식을 전하러 왔습니다. 성경은 사라가 이 말을 듣고 웃으면서 자신이 늙어

생리도 못하고 남편 역시 늙었는데 어떻게 아이를 낳는단 말인가 하며 속으로 혼잣말을 했다고 합니다. 그런데 이어서 하나님이 아브라함에게 사라가 웃으면서 속으로 한 말을 전하실 때, 사라가 남편도 늙었다고 했던 말은 전하지 않으셨습니다. 여기서 우리는 사건을 다루는 하나님의 방식, 즉 중재자이자 조정자로서 하나님이 하시는 역할을 통해 깨닫는 바가 있어야 합니다. 하나님은 아브라함에게 사라가 남편이 늙었다고 한 말을 전해 괜스레 부부 사이에 불화를 일으킬 필요는 없다고 생각하신 것입니다. 사실 우리 삶에서 남편과 아내 사이의 화목만큼 중요한 것이 또 어디 있겠습니까? 어쩌면 인간관계 중에 부부관계가 가장 중요한 것일지 모릅니다.

지금까지 우리는 아브라함의 장막 이야기를 통해 세 가지 아주 중요한 원칙을 배울 수 있었습니다. 나그네를 대접하는 것, 병든 사람을 방문하는 것, 그리고 부부 사이에 화목함을 이룰 것, 바로 이 세 가지입니다.

그럼, 마지막 세 번째 사자의 사명은 무엇이었을까요? 그것은 바로 소돔을 멸망시키는 일이었습니다. 그 이야기는 다음에 바로 이어서 11~12장에서 같이 공부해보기로 하겠습니다.

소돔의 파괴

10장에서 우리는 아브라함의 장막, 그리고 아브라함과 하나님의 행동을 통해 환대와 병자 방문과 부부 사이의 화평에 관한 것을 배웠습니다. 또한 아브라함 앞에 나타난 세 명의 사자에게는 각기 나름의 사명이 있었다는 이야기도 했습니다. 아브라함을 치유하고, 이삭의 탄생 소식을 전하고, 마지막으로 이번 공부에서 우리가 함께 이야기할 악한 도시 소돔을 멸망시키는 것, 이것이 그 세 명의 사자가 각자 맡은 사명이었습니다.

그런데 창세기 18장 17-18절에 나오는 말씀을 보면, 하나님이 딜레마에 빠져 있는 것 같습니다.

"여호와께서 이르시되 내가 하려는 것을 아브라함에게 숨기겠느냐 아브라함은 강대한 나라가 되고 천하 만민은 그로 말미암아 복을 받게 될 것이 아니냐"

하나님께서는 왜 아브라함에게 알려야 한다고 느끼시는 걸까요? 인간과 땅 및 모든 피조물의 창조주께서 실제로 아브라함의 허락을 받아야 할 필요가 있을까요?

물론, 하나님은 그 누구의 허락도 필요하지 않은 독립적인 분이십니다. 하지만 그분은 아브라함에게 알리고 싶어 하십니다. 아브라함 몰래 비밀리에 뜻하시는 바를 행하고 싶지 않으셨던 것입니다. 그 까닭은 무엇일까요?

하나님과 아브라함은 정의로운 인간 사회를 창조하는 동반자입니다. 아브라함은 유대민족의 조상일 뿐 아니라 모든 민족이 의로운 길로 가도록 이끄는 영혼의 인도자이기도 합니다. 그런 아브라함에게 하나님은 진정한 동반자가 되어주신 겁니다. 하나님과 아브라함은 서로 게임을 하지 않습니다. 서로 진솔하게 감추는 것 없이 솔직하게 대화를 나누는 사이입니다.

하나님이 소돔을 멸하려는 자신의 뜻을 알려주자, 아브라함은 하나님께 이렇게 말합니다.

> "…주께서 의인을 악인과 함께 멸하려 하시나이까 그 성 중에 의인 오십 명이 있을지라도 주께서 그 곳을 멸하시고 그 오십 의인을 위하여 용서하지 아니하시리이까 주께서 이같이 하사 의인을 악인과 함께 죽이심은 부당하오며 의인과 악인을 같이 하심도 부당하니이다 세상을 심판하시는 이가 정의를 행하실 것이 아니니이까"(창세기 18:23-25).

그러나 마침내 아브라함은 소돔에 의인이 열 명도 없다는 사실과 그 성이 구원받을 수 없음을 깨닫게 됩니다.

유대교에서 '10'이라는 숫자는 기도회를 열 수 있는 최소 숫자입니다. 개인적으로는 혼자서 기도할 수 있지만, 토라를 읽거나 정식 기도회를 열려면 최소한 10명이 모여야 합니다. 기도에는 공동체가 필요하기 때문입니다. 공동체가 없으면 공동체 기도도 없는 것입니다.

아브라함은 동굴에 고립되어 살고 있는 의인들이 소돔 지역에 있을지도 모른다고 생각했지만, 함께 기도를 올리며 구원을 간청할 사람이 10명이 되지 못했습니다. 따라서 그 도시를 개혁하겠다는 희망이 사라지고 만 것입니다.

자, 이제 우리 같이 한번 생각해봅시다. 죄로 물든 사회에 대해 우리는 어떤 태도를 취해야 할까요? 하나님과 함께 죄인들을 심판하는 일에 동참해야 할까요, 아니면 아브라함과 함께 그들을 변호해야 할까요?

여기서 저는 토라의 메시지가 분명하다고 생각합니다. 하나님은 우리가 아브라함처럼 행동하기를 원하셨던 것입니다. 아무리 희망이 보이지 않는 상황이더라도 인류를 위해 탄원하고 간청하기를 원하신 겁니다. 말하자면, 하나님은 우리가 인류의 구원을 바라는 변호사가 되기를 원하신 겁니다.

개혁을 위한 최소한의 가능성만 존재한다면, 하나님은 항상 기회를 주실 것입니다. 이 메시지는 하나님께서 선지자 요나에게 아브라함처럼 행동하길 원하여 니느웨 사람들에게 가서 외쳐 회개하라고 하시는 것으로 시작되는 요나서에서도 강하게 전달되고 있습니다.

우리는 아무리 어렵고 험악하고 악한 상황에 직면하더라도 그 상황을 구제하고 회복할 수 있는 인간의 잠재능력을 포기해서는 안 됩니다. 선한 일을 같이 할 동료를 찾아나서야 합니다. 선한 자들이 한데 모여 연합해야 합니다. 그리하여 선한 사람들의 공동체를 구축하려는 노력에 매진해야 합니다. 이런 노력이 악한 세상을 선한 세상으로 바꿀 수 있는 최소한의 노력임을 잊지 말도록 합시다.

소돔은 오늘날
어떤 곳이 되었을까?

우리는 앞에서 소돔의 파괴와 그와 관련해서 아브라함의 하나님께 대한 간청, 그리고 선한 사람들이 하나의 섬처럼 따로 떨어져 있을 것이 아니라 한데 결속하여 공동체를 형성해야 할 필요성에 관해 이야기했습니다.

하나님이 멸하기 전 소돔 계곡의 모습은 창세기 13장 10절에서 이렇게 묘사되고 있습니다.

"…온 땅에 물이 넉넉하니 여호와께서 소돔과 고모라를 멸하시기 전이었으므로 여호와의 동산 같고 애굽 땅과 같았더라"

그러나 그렇게 아름답고 풍요롭던 소돔이 창세기 19장 24-25절에서는 다음과 같이 멸하고 맙니다.

"여호와께서 하늘 곧 여호와께로부터 유황과 불을 소돔과 고모라에 비같이 내리사 그 성들과 온 들과 성에 거주하는 모든 백성과 땅에 난 것을 다 엎어 멸하셨더라"

또한 우리는 소돔이 있던 그 지역에서 다섯 왕들과 네 왕들 사이의 싸움이 있었다는 이야기, 그리고 아브라함의 롯의 구출에 관한 이야기도 들었습니다.

이렇듯 성경 속 소돔의 이야기를 생각해보면, 소돔이라는 곳이 실제로 오늘날엔 어떤 곳인지 궁금하지 않을 수 없습니다. 비옥한 평원지역이었던 성경 속 소돔은 과연 어디일까요? 결론부터 얘기하면, 소돔은 현대 이스라엘의 한 부분으로 사람들이 실제로 살고 있는 지역이 되었습니다.

고고학자들은 소돔이 사해의 남부 아니면 북부에 위치해 있었을 것이라고 생각합니다. 또 어떤 사람들은 기원전 17세기에 소행성 충돌로 멸망한 사해 북부의 탈 엘함맘(Tel el-Hammam)에 있었을 것이라고 생각합니다. 그 소행성이 하나님이 소돔을 파괴하기 위한 수단이었을 거라고 추정하는 것입니다.

오늘날 사해에 관해서, 그리고 사해에는 의학적으로 건선과 같은 피부질환뿐 아니라 일반적인 건강에 유익한 성분이 많이 함유되어 있다는 이야기를 많은 사람이 익히 들어 잘 알고 있을 것입니다. 사실은 바다가 아니라 호수인 그곳이 영어로 '죽음의 바다'라는 뜻의 '사해'(Dead Sea)라고 불리게 된 것은, 그곳의 물이 엄청난 양의 염분을 포함하고 있어 미생물을 제외하고는 물고기나 식물들이 살 수 없기 때문입니다.

그러나 성경에서는 그곳을 사해라고 부르지 않고, '소금의 바다'라는 뜻의 '얌하멜라크'(Yam Hamelach)라고 부르고 있습니다. 또한 사해는 '동쪽의 바다' 혹은 '고대의 바다'라고 불리기도 합니다. 이렇듯 호수인 그곳이 바다로 불리게 된 것은 고대에 지중해가 실제로 갈릴리를 지나 요단 계곡까지 흘러들어 그 지역을 범람시켰다는 사실을 넌지시 나타내는 것이기도 합니다. 한때 사해의 수위가 지금보다 1백 미터나 높았다는 것, 그리고 요단 계곡 곳곳에서 바다조개 껍질이 발견된다는 사실에서 지질학자들은 그렇게 판단하고 있는 것입니다.

사해는 해수면보다 427미터 아래에 있는 지구상에서 가장 고도가 낮은 곳에 있는 호수이며, 잘 아시겠지만 물이 굉장히 짭니다. 일반 바닷물보다도 염도가 9.6배나 높기 때문입니다. 또한 수심으로 따지면 세상에 더 깊은 호수들이 있지만, 그래도 수심이 304미터나 되는 깊은 호수입니다.

아울러 그 지역이 한때는 습기도 많고 비옥한 지역이었다는 지질학적인 증거도 있습니다. 당연히 그런 증거들이 성경에서의 그 지역에 관한 묘사가 사실이었음을 뒷받침해주고 있기도 합니다.

오늘날 사해는 길이가 50킬로미터이고 폭이 가장 넓은 곳은 15킬로미터나 되는 호수로 중앙을 경계로 하여 요르단과 이스라엘 영토로 나뉘어져 있습니다.

사해 지역엔 여러 야생동물들이 살고 있습니다. 영양, 토끼, 바위너구리, 자칼, 여우 그리고 심지어 표범도 있습니다. 독사인 살모사도 있습니다. 그곳은 다윗이 사울왕을 피해 몸을 숨겼던 시원한 물이 흐르는 엔게디(En Gedi), 헤롯왕이 세운 유대 사막의 요새로 서기 70년 부터 장장 3년 동안 유대인 열심당원들이 목숨 걸고 로마에 항거한 유대전쟁의 최후의 격전지로 알려진 마사다(Masada) 요새로 유명하기 도 합니다. 또한 그곳에서 기원전 3세기와 서기 1세기 사이에 쓰인 고대 히브리어 구약성서 사본인 사해 두루마리가 발견되기도 했습니다. 1947년 베두인 양치기들이 사해 북쪽 끝에 있는 쿰란 동굴에 서 찾아낸 그 사해사본은 오늘날까지 이스라엘 땅에서 발견된 것 중 고고학적으로 가장 중요한 문서이자 아마도 세계에서 가장 중요한 고고학적 발견물일 것입니다.

오늘날 사해 연안에는 많은 관광객을 수용할 약 15개의 호텔이 있습니다. 사실 많은 사람들이 사해를 찾는 주요 이유는 질병 치유의 목적에 있습니다. 건조하고 고도가 낮기 때문에 공기는 깨끗하고, 자외선 수치는 낮고, 기압은 높아 호흡기에 문제가 있는 사람들에게 도움이 됩니다. 물에는 피부질환 치유에 도움이 되는 성분이 함유되어 있으며 검은 진흙에는 온갖 종류의 좋은 성분이 들어있습니다.

또한 그곳엔 사해에서 화학물질을 추출하여 연간 30억 달러 정도 가치의 화학제품을 생산하는 이스라엘로서는 아주 중요한 화학산업 단지도 있습니다.

반면에 오늘날엔 환경보존과 관련하여 많은 우려가 있는 것도 사실입니다. 사해로 유입되는 거의 모든 민물을 요르단과 이스라엘 양국이 농업용으로 전용하는 바람에 사해의 물이 줄어들고 있기 때문입니다. 양국은 수년 동안 그 해결책을 논의해 왔는데, 그것은 전력을 생산함과 동시에 사해를 다시 채울 수 있도록 홍해에서 사해까지 운하를 건설하는 것입니다. 그 운하가 건설된다면 필시 요르단 왕국과 이스라엘 국가 사이의 평화를 돈독히 하는데도 도움이 될 것입니다.

이상 개략적으로 말씀드린 것처럼, 성경 속의 소돔은 오늘날 그 역사를 간직한 채 그 지역을 둘러싼 두 국가인 요르단과 이스라엘에 아주 중요한 지역으로 남아 있습니다.

현실주의, 그리고 현실초월의 기적

　앞에서 우리는 소돔의 운명과 관련해서 마치 거래를 하듯 하나님에게 간청하며 소돔을 구하고자 애쓰던 아브라함의 이야기를 나누었습니다. 결국 아브라함은 하나님의 판단을 받아들일 수밖에 없었습니다. 소돔이 선한 사회를 형성하는데 필요한 최소한의 요구 조건, 즉 선한 사람이 10명은 되어야 한다는 그 조건을 충족시키지 못했기 때문입니다.

　우리는 또한 사해와 소돔의 평원이 오늘날 어떤 모습으로 변했는지, 같이 살펴보았습니다. 사해는 지구상에서 가장 고도가 낮은 지역으로 대기의 질이나 의학적으로 유익한 성분이 풍부한 물과 진흙으로 인해 많은 사람들이 방문하는 곳입니다. 그리고 이스라엘은 어느 나라에서 온 관광객이든 모두 받아들이는 개방된 나라입니다. 성지 순례를 환영합니다.

　이제 다시 성경으로 돌아가도록 하겠습니다. 천사가 소돔을 방문하여 롯과 그의 가족을 구합니다. 그리고 창세기 20장으로 가면 우리는 그랄왕인 아비멜렉과 관련된 이야기를 듣게 됩니다. 그 이야기 가운데서 우리는 아브라함의 현실주의와 그것이 의미하는 것이 무엇인지, 그리고 기적에 의지하는 것이 어떤 의미인지 중요한 교훈을 배울 수 있습니다.

창세기 20장 1절에 보면, 아브라함은 그랄 왕국에서 멀지 않은 네게브에 가축을 키우며 살고 있습니다. 아브라함은 그랄 왕국의 왕인 아비멜렉이 자기를 죽이고 아내인 사라를 취할까 두려운 나머지 사라가 자기 아내라는 사실을 숨깁니다. 이 일은 아브라함이 애굽에 있을 때 겪었던 일, 즉 애굽의 왕 바로에게서 자신의 목숨을 구하고자 사라가 자기 아내가 아닌 누이라 했던 아브라함의 태도를 기억나게 하는 대목입니다.

과연 아브라함의 그런 조심스러운 태도는 정당화될 수 있을까요? 아브라함에게는 사라가 그의 아들을 낳으리라는 하나님의 약속이 이미 주어졌습니다. 그렇다고 아브라함은 이 대목에서 굳이 하나님의 약속을 시험하지 않습니다. 그는 하나님이 계획을 믿었지만 현실적인 한계 내에서 행동을 하게 됩니다. 다시 말해, 그는 언제나 하나님의 약속을 믿고 그것에 대한 희망을 저버리지 않았지만 그러는 가운데서도 현실은 있는 그대로의 현실로 마주했던 것입니다.

그렇다면 아비멜렉은 신뢰할만한 사람이었을까요? 만일 아브라함이 솔직하게 사라가 자기 아내라고 털어놓았더라도 아비멜렉은 사라를 취했을까요? 꿈속에서 아비멜렉은 만일 사라가 아브라함의 아내였다면 결코 취하지 않았을 거라고 하나님께 고하고, 하나님 역시 그 말에 반박하지는 않으셨습니다.

그런데 그 후에 아브라함이 자기 사람들이 판 우물을 아비멜렉의 종들이 빼앗은 것을 두고 아비멜렉을 책망하게 됩니다(창세기 21:25). 아비멜렉은 그 일을 자기는 몰랐다고 주장합니다. 어쩌면 아비멜렉 몰래 그의 종들이 저지른 짓일 수도 있습니다. 어쨌든 아비멜렉은, "나는 모르는 일이다. 누구도 알려주지 않아서 몰랐다. 그 말은 정말 처음 듣는 말이다"라는 식으로 변명합니다. 사실 아비멜렉처럼 행동하는 사람들이 얼마나 많습니까? 좋지 않은 일이 발생하면 자기는 몰랐다며 발뺌하는 사람들을 우리 주변에서 쉽게 찾아볼 수 있습니다.

아브라함은 아비멜렉이 어떻게 나올지 정말 몰랐습니다. 그래서 신중하게 행동한 것입니다. 그는 아비멜렉의 땅에서 하나님에 대한 두려움이 없는 것을 보았으며, 따라서 애굽의 왕 바로에게 했던 것처럼 나름의 예방책을 마련했던 것입니다. 이런 의미에서 아브라함은 자신을 둘러싼 주변 환경이 어떤 상황에 놓여 있는지 잘 알고 있었고, 그에 따라 조심스럽게 행동한 것이기에 그의 태도는 정당했다고 할 수 있습니다.

여기서 우리는 다시 한 번 아브라함의 위대함을 만나게 됩니다. 그는 최초의 유대인으로서, 최초의 운명의 인간으로서, 점점 더 늙어가는 사람으로서, 그러나 위대한 민족을 이루게 될 여정 중에 있는 사람으로서 유일무이한 극적인 삶을 살고 있는 존재이기 때문입니다.

믿음, 그리고 초자연적인 개입에의 의존과 관련해서 아브라함의 현실주의적 태도는 어떤 의미를 지니는 것일까요? 우리는 우리에게

─────── Chapter 13 현실주의, 그리고 현실초월의 기적

부여된 사명에 대한 믿음을 굳건히 해야 합니다. 그러나 또 한편으로는 우리가 처해 있는 상황에 대해 다분히 현실적인 인식도 갖춰야 합니다. 하나님을 믿는다는 것은 어떤 약속에 따라 특정의 목표를 향해 열심히 노력하는 것을 의미하는 것이지, 기적에 대한 맹목적인 의존을 의미하는 것은 아닙니다. 우리는 우리에게 어떤 기적이 일어나리라 추정할 수 없습니다. 그냥 두 눈 크게 뜨고 옳은 길을 따라 계속 걸어가면서 난관이 닥치면 어렵더라도 극복해가며 전진하는 것뿐입니다. 하나님을 의지하십시오. 그러나 하나님은 또한 우리가 우리 자신을 의지하기를 기대하고 계십니다.

저는 옛날에 한국이나 다른 나라에 파견되었던 선교사들이 이런 점을 잘 알고 있었다고 생각합니다. 그들은 하나님께 기적을 구하지 않았습니다. 자신들에게 부여된 사명에 집중하면서 하나님과 그분의 계획 – 우리가 어렴풋이 알고는 있지만 어떻게 전개될지는 전혀 짐작도 할 수 없는 그분의 계획 – 을 믿었을 따름입니다.

이스라엘의 초대 총리인 다비드 벤구리온이 했던 유명한 말이 있습니다.

"이스라엘에서 현실주의자가 되려면 기적을 믿어야 한다."

우리 조상 아브라함과 다비드 벤구리온이 스스로 모범을 보였던 것이 바로 그것입니다. 그들은 냉혹한 현실주의자로 하늘에 계신 하나님이 자신의 일에 개입하시기를 기대하지 않았습니다. 하지만 그들은 그 어떤 시련과 난관이 닥치더라도 그들이 이해하는 하나님의 계획을 변함없이, 굳건히 믿었던 사람들이었던 것입니다.

이삭의 탄생, 그리고 웃음

지난 공부에서 우리는 아브라함의 현실주의적 태도에 대해서 알아보았습니다. 이번에는 하나님의 약속이 실현되는 것에 관해 같이 공부해 봅시다. 눈을 씻고 찾아봐도 출산의 가능성이 거의 전무한 상황이었음에도 사라는 아브라함의 아들을 낳았습니다. 이삭이라는 이름의 아들이었습니다.

'이삭'이라는 이름은 어떤 의미를 지니고 있을까요? 이삭은 '그는 웃을 것이다' 혹은 '웃을 것이다'라는 의미입니다. 사실 사라가 낳은 아들의 이름이 그런 의미를 지닌 이삭이라는 것은 뭔가 의미심장합니다. 그 이유는 천사들이 사라에게 와서 1년 내에 아이를 낳을 것이라고 했을 때, 사라가 웃었다고 해서 하나님과 아브라함에게 책망을 들었기 때문입니다. 그런데 이제는 모두가 웃음을 터트립니다. ─ 말도 안 되는 소리라고 의심하며 낄낄대는 웃음이 이제는 기쁨의 웃음으로 바뀌게 된 것입니다.

사라가 이르되 하나님이 나를 웃게 하시니 듣는 자가 다 나와 함께 웃으리로다 (창세기 21:6).

"사라가 이르되 하나님이 나를 웃게 하시니 듣는 자가 다 나와 함께 웃으리로다"(창세기 21:6).

랍비들은 이 구절을 어떻게 이해해야 할지 많은 고민을 한 것 같습니다. 사라와 아브라함이 웃는 것은 이해가 되지만 다른 사람들은 왜 웃는 것일까요? 랍비들은 사라의 출산이라는 사건을 더 크게 확대하여 해석합니다. 유대의 성경 주석 방식인 미드라쉬(Midrash)에 따르면, 사라의 이삭 출산과 더불어 갑자기 불임 여성들이 임신이 가능하게 되었고, 눈 먼 사람들이 앞을 볼 수 있게 되었고, 귀가 들리지 않은 사람들이 소리를 듣게 되었고 바보들이 똑똑한 사람들이 되었다고 합니다. 말하자면 우주적 개화가 일어났다고 해석한 것입니다.

그렇다면 랍비들은 실제로 이런 식의 해석을 있는 그대로 믿고 제시한 것일까요? 저는 그렇지 않다고 생각합니다. 성경에 그런 식의 기적에 관한 증거가 나오지 않기 때문입니다. 오히려 랍비들은 이삭의 탄생과 더불어 희망과 기대가 급속도로 퍼진 것을 그런 식으로 제시한 것이 아닐까 싶습니다. 사실 아브라함을 따르는 모든 사람들은 아브라함이 앞으로 닥칠 난관을 잘 극복할 수 있을지, 과연 그가 이 세상에는 하나의 하나님, 하나의 도덕적 질서만이 존재한다는 것을 보여줄 수 있을지, 이런 것을 궁금해 하면서도 아브라함에게 의지하며 그가 자신의 사명을 성공적으로 완수하기를 희망하는 사람들입니다. 그런데 그들이 하나님이 약속하신대로 아브라함의 아들이 태어난 것을 보았으니 모두가 크게 기뻐하며 웃음을 터뜨린 것은 당연한 일이었을 거라는 생각을 한 것입니다.

웃음은 이제야 안심이라는 그런 안도의 신호일 수가 있습니다. 하지만 여기 성경에서 말하는 웃음은 더 자연발생적으로 터져 나온 웃음일 수도 있습니다. 그리고 웃음은 전염성이 있습니다. 한 사람이 웃기 시작하면 다른 사람들도 덩달아 웃는 것이 인지상정입니다. 낙관주의도 마찬가지입니다. 어느 한 사람의 낙관적 생각이나 태도는 매우 긍정적인 방식으로 다른 이들에게 영향을 미칠 수가 있는 것입니다.

마지막으로, 우리가 잊지 말아야 할 것은 그 이삭이라는 이름을 아브라함이 선택한 이름이 아니라는 사실입니다. 하나님께서 직접 그 이름을 지으신 것입니다.

> "아브라함이 엎드려 웃으며 마음속으로 이르되 백 세 된 사람이 어찌 자식을 낳을까 사라는 구십 세니 어찌 출산하리요 하고 아브라함이 이에 하나님께 아뢰되 이스마엘이나 하나님 앞에 살기를 원하나이다 하나님이 이르시되 아니라 네 아내 사라가 네게 아들을 낳으리니 너는 그 이름을 이삭이라 하라…"(창세기 17:17-19).

사실 따지고 보면, 울음과 마찬가지로 웃음은 매우 복합적인 감정의 표출입니다. 아브라함이 처음 얼굴에 짓던 웃음은 비통함과 실망과 좌절의 웃음이었습니다. 그런데 이제 하나님께서 아브라함에게 말씀하십니다. 기쁨에 겨운 웃음을 짓게 되리라고.

저는 늘 미소로 하루를 시작하려고 노력합니다. 아침에 대사관으로 출근하면 모든 사람들에게 인사를 합니다. 어떤 큰 사건이나 재앙이 발생한 것이 아닌 한, 저는 만나는 모든 사람들에게 미소를 지어보입니다. 그 미소가 큰 영향을 미칠 수가 있습니다. 미소가 주위 사람들에게 선의를 전파하고, 힘과 자신감을 불어넣고 즐거운 마음으로 업무를 수행하는데 도움을 주기 때문입니다.

하나님께서 아브라함에게 주신 기쁨이 넘치는 웃음을 우리 모두가 받게 되기를 기도합시다.

아브라함이 이스마엘을 내친 이유

앞장에서 우리는 아브라함에게 하신 하나님의 약속이 실현되는 것을 보았습니다. 가능성이 전혀 없는 상황에서 사라가 아브라함의 아들을 낳았습니다. '웃음'이란 의미의 이삭이라 이름을 지닌 아들로 아브라함과 사라가 기도하며 기다리던 아들이었습니다.

그리고 이제 성경은 우리에게 두 가지 에피소드를 들려줍니다. 아브라함이 잔치를 연 일과 이스마엘로 인해 고민하는 일입니다. 그런데 두 번째 일로 인해 아브라함은 참으로 난감한 상황에 처하게 됩니다. 사실 우리도 그런 상황에 놓인다면 어떻게 해야 할지 고민하지 않을 수 없을 것입니다. 창세기 21장 8절에서 11절까지의 말씀입니다.

"아이가 자라매 젖을 떼고 이삭이 젖을 떼는 날에 아브라함이 큰 잔치를 베풀었더라 사라가 본즉 아브라함의 아들 애굽 여인 하갈의 아들이 이삭을 놀리는지라 그가 아브라함에게 이르되 이 여종과 그 아들을 내쫓으라 이 종의 아들은 내 아들 이삭과 함께 기업을 얻지 못하리라 하므로 아브라함이 그의 아들로 말미암아 그 일이 매우 근심이 되었더니"

아브라함은 아내 사라의 말대로 하고 싶지 않습니다. 옳지 않은 일이라 생각했기 때문입니다. 그러나 하나님께서는 아브라함에게 이삭이 그의 미래이니 사라의 말을 들으라 하십니다. 그리고 또 다른 아들인 이스마엘에 관해서는 하나님 당신께서 그로 한 민족을 이루게 하시겠다고 하셨습니다.

자, 이 이야기를 어떻게 이해해야 할까요? 지나가는 나그네가 누구든 마다않고 환영하며 대접하던 환대의 화신인 아브라함이 비록 여종을 통해 낳았지만 자신의 아들과 그 아들의 어머니인 자신의 여종을 어떻게 내쫓을 수 있겠습니까?

유대인 주석가인 라시는 이스마엘을 다른 아이들에게 나쁜 물을 들게 하는 아이라고 보는 랍비들의 해석 전통을 소개합니다. 랍비들이 주목해서 본 것은 "놀리는지라"라고 하는 말입니다. 킹 제임스 번역에서는 "자기 아들 이삭과 놀고 있는"으로 번역했는데, 잘못된 번역으로 생각됩니다.

랍비들 가운데 어떤 이들은 '놀리다'라는 말을 우상숭배의 의미로 이해하고, 또 어떤 이들은 성적 비행의 의미로 이해하기도 합니다. 또 이스마엘이 누구를 다치게 할 수도 있는 폭력적인 아이라고 생각하는 랍비들도 있습니다.

'놀리다'라는 표현이 여러 가지 다양한 의미를 함축하고 있긴 합니다. 하지만 랍비들이 그런 식으로 그 말을 이해하고 해석한 것은, 이스마엘을 집밖으로 내쫓는 아브라함의 행동을 정당화하기 위한 어쩔 수 없는 방편이었을 겁니다.

아무튼 우리가 성경 말씀을 있는 그대로 본다면, 이스마엘이 실제로 나쁜 영향을 끼칠 수 있는 아이가 아닌가 싶습니다. 이스마엘은 거칠고 무례하여 하나님이 아브라함의 민족을 이루도록 약속한 아들이 아니었던 것은 분명한 듯합니다.

하지만 부모가 어떻게 자기 자식을 내쫓을 수 있겠습니까? 우리는 우리 자녀 모두를 사랑합니다. 어떻게 잘난 자식을 보듬자고 그렇지 않은 자식을 내치겠습니까? 어쩌며 오늘날과 같은 세상에서 우리는 이스마엘과 같은 자녀에게 더 많은 사랑과 관심을 베풀어야 할지도 모릅니다. 오히려 그런 자녀에게 더 많은 가르침을 주어야하기 때문입니다.

그리고 이스마엘이란 이름은 이중의 의미를 지닌 이름입니다. '하나님께서 그의 말을 들을 것이다'라는 의미와 '그가 하나님의 말씀을 들을 것이다'라는 두 가지 의미입니다. 아브라함은 처음부터 자기 아들인 이스마엘의 행복을 위해 기도했습니다. 아브라함은 이스마엘이 영적으로 도전을 받을 아이라는 것을 아마 알고 있었던 것이 아닐까요? 그렇기 때문에 그 아들의 이름을 하나님의 사자의 말대로 이스마엘이라고 지었던 것입니다.

우리는 이스마엘을 내친 아브라함의 행동을 아주 특별한 상황 속에서 취할 수밖에 없었던 행동으로 받아들여야 합니다. 바로 민족을 형성해야 하는 상황입니다. 한 민족을 이루기 위해서는 올바르고 정직하고 흠결이 없어야 합니다. 쉽지 않은 일입니다. 그리고 아브라함의 선택도 쉽지 않은 일이었습니다. 여기서 우리는 관대하고 우호적인 아브라함이 그 이상의 인물임을 보게 됩니다. 아브라함은 한 민족을 이루기 위해 필요한 강인한 마음가짐도 지닌 존재였던 것입니다.

이삭과 이스마엘, 그리고 아브라함 협정

15장에서 우리는 냉정하게 이스마엘과 하갈을 내쫓았던 아브라함의 심정을 헤아려 보았습니다. 그런데 그 이야기에서 우리가 기억해야 할 것은, 그 결말이 비극적인 것이 아니었다는 사실입니다. 창세기 21장 17절에서 21절까지의 말씀에서 알 수 있듯이, 하나님의 사자인 천사가 하갈에게 하나님이 이스마엘의 소리를 들으셨다고 알려주고는 샘물로 가서 물을 채워 이스마엘에게 마시게 하라고 합니다. 그리고 이스마엘은 장성하여 후에 강한 민족을 이루게 됩니다.

그렇다면 여기서 우리 한번 생각해 봅시다. 이스마엘은 누구이고, 이스마엘의 후손은 누구입니까? 이스마엘은 아랍 민족의 아버지입니다. 언어적으로나 유전적으로, 그리고 오늘날에는 신체적인 면에서도 유대민족과 아주 비슷하고 가까운 민족인 아랍 민족의 조상인 것입니다.

우리는 보통 아랍인과 유대인의 사이를 사촌 간이라고 말하지만 실제로는 형제 사이입니다. 아브라함이 죽자 그의 아들인 이삭과 이스마엘은 같이 막벨라 굴에 가 그곳에 아브라함을 묻습니다.

> "그의 아들들인 이삭과 이스마엘이 그를 마므레 앞 헷 족속 소할의
> 아들 에브론의 밭에 있는 막벨라 굴에 장사하였으니"(창세기 25:9).

잘 아시겠지만 이삭과 이스마엘은 둘 다 아브라함의 아들입니다. 토라와 '코란'(Koran) 모두에서 아브라함은 아랍 민족과 유대민족의 조상이라고 말하고 있습니다. 유대인들이 아브라함을 '아브라함'(Avraham)으로 부르고 아랍인들은 '이브라힘'(Ibrahim)으로 부르지만 호칭은 달라도 동일인인 것입니다.

이스라엘은 1979년에 이집트와 평화협정을 맺은 것을 시작으로 1994년에 요르단과 평화협정을 맺었고, 최근인 2020년에는 아랍에미리트, 바레인, 모로코, 그리고 2021년에는 수단과 평화협정을 맺었습니다. 이 평화협정들을 통칭해서 '아브라함 협정'(Abraham Accord)이라고 부르는데, 그것은 바로 아브라함이 아랍인과 유대인의 공동 조상이라는 사실에서 서로를 인정한다는 의미를 담고 있기 때문입니다.

사실 언어에 있어서도 두 민족이 각기 사용하는 아랍어와 히브리어는 유사한 언어입니다. 저는 여러 해 동안 아랍어를 공부했습니다. 그리고 제가 아랍 국가들의 외교관들과 대화를 나누다보면, 우리는 히브리어와 아랍어 사이에 유사점이 많다는 사실을 서로 인정하게 됩니다. 두 언어의 모든 단어들이 3글자의 어근을 지니고 있고, 의미도 똑같으며 문법도 아주 흡사합니다. 물론 아랍어의 문법이 더 복잡

하고, 어휘도 다양하고 그 수도 많습니다. 그 이유는 아랍어는 수세기 동안 살아 있는 언어였지만, 히브리어는 불과 120년 전에 현대 언어로 되살아났기 때문입니다.

아무튼 이스라엘과 수니파 주축의 아랍 국가들 사이에 '아브라함 협정'이라 불리는 평화협정이 이루어졌다는 것은 그동안 중동에서 이스라엘이 고립되어 있다가 마침내 그 고립된 상황에서 벗어나 이웃 국가들로부터 그 지역의 합법적인 국가로 인정을 받았다는 의미이기도 합니다.

아울러 그 평화협정으로 인해 한국에게는 몇몇 아랍 국가들과 이스라엘 사이에서 경제적인 차원의 가교역할을 할 수 있는 엄청난 기회가 주어진 셈입니다. 이스라엘과 아랍에미리트의 평화협정과 한국과 아랍에미리트 사이의 특별한 관계를 잘 활용하면, 이 세 국가가 혁신과 청정에너지와 글로벌 상호연결 분야에 있어서 생산적인 에너지를 창출하는 선한 삼각 고리를 형성할 수 있을 겁니다. 그 일이 바로 현재 우리 이스라엘 대사관에서 추진 중에 있는 과제이기도 합니다.

여러분, 아브라함의 두 아들인 이삭과 이스마엘의 자손들 사이에 평화관계가 이루어지고 그를 통해 중동에 밝은 미래가 찾아오는 것을 보면, 아마 아브라함이 굉장히 흡족해하지 않을까요? 저는 분명 그러리라고 믿습니다.

이삭을 결박하여 제물로 바치려는 아브라함

아들인 이삭과 그 이삭을 통해 형성될 유대민족의 발전을 위한 환경을 구축하기 위해 또 다른 아들인 이스마엘을 내쫓은 아브라함, 그런 아브라함의 이름을 딴 현대의 '아브라함 협정'의 의미와 평화의 축복, 그리고 하나님이 아브라함에게 약속하신 것이 그대로 실현되는 역사, 우리는 앞에서 이런 내용들을 살펴보았습니다. 그런데 이제 아브라함은 일생일대 최대의 시련에 직면하게 됩니다. 그 시련은 아마 아브라함뿐만 아니라 우리 신앙인들에게 일어날 수 있는 시련 가운데 가장 큰 시련일지도 모릅니다.

아브라함이 이스마엘을 집밖으로 내쫓은 뒤에 일어난 일입니다. 하나님은 아브라함에게 하나밖에 없는 아들인 이삭을 데리고 모리아 땅으로 가서 자신이 일러준 산에서 이삭을 번제로 바치라고 말합니다. 아브라함은 하나님의 명령을 그대로 실천에 옮깁니다. 아침 일찍 일어나 번제에 쓸 나무를 챙겨 집을 떠나 3일 후에 모리아의 산악지대에 들어서게 됩니다. 그곳이 실제로는 오늘날의 예루살렘입니다. 전해 내려오는 이야기에 따르면, 하나님이 말씀하신 그 산이 바로 지금의 성전산(Temple Mount, Mount Moriah)이 있는 곳입니다. 어쨌든 그곳에 도착한 아브라함은 이삭을 묶어 제단 위에 올리고 제물로 바치려 합니다.

저는 우리 집에서 하나밖에 없는 아들입니다. 저의 아버지는 랍비로 하나님에 대한 믿음이 무척 깊고, 또한 토라의 내용들을 잘 알고 믿는 분이십니다. 안식일 아침이면 저는 아버지와 함께 약 3킬로미터 넘는 길을 걸어 회당에 가곤 했습니다. 그런데 그렇게 긴 거리를 걸어 오가는 중에 거의 매번 대화의 주제로 떠오르는 것이 바로 결박당한 이삭의 이야기였습니다.

아버지는 저에게 묻곤 하셨습니다. 만일 하나님이 저에게 그런 요구를 하신다면 어떻게 하겠느냐고. 그러면 저는 아버지께 되묻습니다. 아버지는 어떻게 하실 거냐고. 저의 아버지는 이렇게 대답하셨습니다.

"나는 하나님께 이렇게 말할 거다. '저는 아브라함이 아닙니다. 그러니 저에게 그런 요구를 하지 말아주옵소서, 저는 할 수 없습니다.' 이렇게 말이다."

이렇게 말씀하시면서도 아버지는 저에게 이 부분은 깊이 생각해봐야 하는 부분이니 계속 고민해보라고 하셨습니다. 그 이유는, 이 부분이 바로 신앙의 큰 전환을 가져올 수 있는 중심축, 즉 신앙의 궁극적 시험대이기 때문이라는 것이었습니다. 물론 그 깊은 의미를 가늠하기도 어렵고 이해하기도 어려운 부분이기는 합니다. 하나님은

이에 아브라함이 종들에게 이르되 너희는 나귀와 함께 여기서 기다리라 내가 아이와 함께 저기 가서 예배하고 우리가 너희에게로 돌아오리라 하고 아브라함이 이에 번제 나무를 가져다가 그의 아들 이삭에게 지우고 자기는 불과 칼을 손에 들고 두 사람이 동행하더니 (창세기 22:5-6).

아브라함에게 이삭이 그의 뒤를 이을 것이라고 약속하셨습니다. 그런데 이삭을 번제로 바치라고 요구하시는 것이 말이 되는 얘긴가요? 하나님의 말씀은 진리입니다. 그런데 어떻게 아브라함에게 하신 약속을 뒤집을 수 있단 말입니까?

그리고 만일 하나님이 제지하지 않아 아브라함이 실제로 이삭을 제물로 바쳤다고 한다면? 그 이후 어떤 믿음의 전통이 이어졌을까요? 과연 우리가 그런 잔인한 종교를 따를 수 있을까요? 우리의 영적 조상인 아브라함이 아들을 기꺼이 제물로 바친 것을 우리는 어떻게 이해해야 하나요?

이런 물음들이 바로 이삭을 결박한 이야기에 담겨 있는 심오한 질문들로 제 아버지는 평생을 그 질문과 관련된 이야기를 하셨습니다. 그런 질문들에 대해 저는 나름으로 이해하고 많은 생각을 합니다만, 아무튼 대답하기가 쉽지 않은 것은 사실입니다.

선지자 예레미야는 바알을 숭배하는 예루살렘 주민들에 대한 하나님의 비난을 다음과 같이 전합니다.

> "또 그들이 바알을 위하여 산당을 건축하고 자기 아들들을 바알에게 번제로 불살라 드렸나니 이는 내가 명령하거나 말하거나 뜻한 바가 아니니라"(예레미야 19:5).

예레미야는 자비와 심판과 진리의 하나님을 경배하는 일의 한 형식으로 인간 제물을 바치는 것은 절대 가능한 일이 아니라고 생각했던 것입니다. 그러나 어린아이를 희생시키는 일이 이스라엘에 영향을 미쳤던 주변의 가나안 부족들 사이에서는 흔한 일이었듯이, 인간 제물의 문제는 고대 이스라엘에서 중요한 사회적, 종교적 문제였던 것이 분명합니다.

이제 제가 이해하는 바를 말씀드리겠습니다. 이삭의 결박은 발견의 이야기입니다. 이 에피소드를 통해 토라는 아브라함이 내면적인 믿음의 과정을 거쳐 단단해지고 있는지를 묘사하고 있습니다. 아브라함이 우주를 창조하신 하나님을 발견한 것처럼, 아브라함은 하나님의 선하심과 하나님의 뜻을 끊임없이 찾아가는 과정에 있습니다. 이삭의 결박 이야기에서 아브라함은 하나님이 인간 제물을 원하지 않으신다는 사실을 알게 됩니다. 어린 양을 제물로 바치는 것으로도 충분하다는 것입니다. 아브라함은 그런 깨달음을 통해 하나님의 뜻과 옳은 일은 서로 모순되지 않는다는 것을 우리에게 가르쳐주고 있습니다. 하나님의 뜻과 우리가 해야 하는 옳은 일, 이 둘은 서로 모순되는 되는 것이 아니라 서로를 분명하게 밝혀주는 것이라는 사실을 보여주고 있습니다. 하나님은 좋으신 하나님이며, 오직 선한 것만을 원하십니다.

또 하나의 교훈이 있습니다. 아브라함의 헌신, 끝없는 희생에 대한 의지가 그것입니다. 하나님이 계시하신 대로 옳은 것을 알게 되면, 모든 것을 다 바쳐 그 일에 헌신해야 합니다. 우리는 모든 희생을 기꺼이 감수해야 합니다.

이것이 바로 아브라함의 위대함입니다. 그는 옳은 것과 공의에 대한 하나님의 뜻이 어디에 있는지를 확인하고는, 그것을 위해 한없이 헌신했습니다.

토라는 어느 길이 옳은 길이고 진리로 향하는 길인지 우리에게 보여줍니다. 이 지상에 하나님의 나라를 세우는 일이 우리의 사명입니다. 어떤 고난이나 장애도 그 사명을 향해 나아가는 우리의 발걸음을 멈추게 할 수는 없습니다. 하나님의 뜻은 영원토록 옳고 의로운 길임을 우리는 가슴으로 받아들이고 머리로 이해합니다. 하나님은 우리 인류에게 지혜와 도덕적 성찰을 선물로 주셨습니다. 바로 그 선물이 있기에 우리는 하나님의 뜻이 무엇이고, 그 뜻이 가리키는 길이 어느 길인지 알고 있는 것입니다.

Chapter

18

이스라엘의 유월절

이스라엘에서, 그리고 유대인들에게 아주 특별한 날이 있습니다. 바로 '유월절'(Passover)입니다. 유월절은 어떻게 보면 여러분이 말씀하시는 부활절하고도 관련이 있을 수 있습니다. 최후의 만찬이 사실은 유월절 잔치였기 때문입니다.

유대력은 한국식으로 말하면 음력이며, 음력으로 새해인 니산월은 새해의 첫 보름달이 뜨기 2주 전에 시작합니다. 유월절은 유대력 니산월(1월: 그레고리력의 3월 또는 4월에 해당) 14일 저녁에 시작됩니다. 따라서 그날은 하늘에 보름달이 뜹니다.

이번 장에서는 이스라엘 사람들이 유월절을 어떻게 보내는지, 또 어떤 의미가 있는 날인지, 그 이야기를 들려드리겠습니다. 우선, 유월절에는 일주일 동안 누룩을 넣은 빵이나 곡물을 먹는 것이 금지됩니다. 케이크든 과자든 팬케이크든 누룩으로 발효시킨 것은 안 됩니다. '하메츠'(chametz), 즉 누룩 넣은 빵은 어떤 것이든 금하는 겁니다. 곡물을 발효시켜 만든 맥주나 위스키 같은 술도 마찬가지입니다.

유대인들은 유월절에 하메츠를 먹지 못할 뿐 아니라 집에 놔두거나 소유해서도 안 됩니다. 따라서 유월절이 시작되기 전에 집안 곳곳을 청소하는 게 보통입니다. 일종의 대대적인 봄 대청소를 하는 것이지요. 그리고 유월절 전날 밤에는 촛불을 들고 다니며 집안을 뒤져 혹 하메츠가 없는지 살펴봅니다. 손전등도 있고 전기도 들어오는 세상에 무슨 촛불이냐고 할 수도 있겠지만, 탈무드에 그렇게 규정되어 있기 때문에 그대로 하는 겁니다.

유월절 날 저녁에는 유월절 세데르(Seder)를 치릅니다. 일종의 의식으로 엑소더스, 즉 유대인들의 애굽(이집트) 탈출 이야기를 하면서 출애굽, 즉 억압으로부터의 해방을 재연한다고 식탁에 앉아 자유를 축하하기 위해 봉납된 포도주 네 잔을 마십니다.

그렇다면 유월절이 출애굽과 어떤 관련이 있으며, 왜 유월절이라는 이름을 붙였을까요? 출애굽기에 나와 있듯이, 하나님이 이집트와 바로에게 10가지 재앙을 내리신 이후 니산월 14일 저녁에 모세와 아론은 유대민족을 이끌고 애굽을 탈출합니다. 이 출애굽은 하나님께서 애굽의 처음 난 것들, 그러니까 지위고하를 막론하고 모든 애굽 사람들의 장자는 물론 가축의 처음 난 것까지 다 치시고 난 직후에 시작됩니다. 그런데 하나님이 애굽의 장자를 치실 때, 죽음의 천사가 이스라엘 사람들의 가정은 건너서 뛰어넘어가고 애굽 사람들의 집에만 들어가 재앙을 내리셨기 때문에 '뛰어넘어간다'라는 의미의 '유월'(踰越)이란 표현을 쓴 것입니다.

유월절 의식은 다분히 교육적인 의미도 지니는 것이기에 우리는 자녀들을 재우지 않고 같이 참여하게 합니다. 의식 중에 자녀 가운데 가장 어린 아이가 그날 저녁의 관습에 관한 '마 니스타나'(Ma Nishtana)라고 하는 '네 가지 질문'을 노래로 부릅니다. 그리고 식사가 끝나고 나면 아이들은 의식을 관장하는 어른이 숨겨놓은 '아피코만'(Afikoman)이라 불리는 '맛짜'(Matza) 조각을 찾는 놀이도 합니다.

유월절 의식과 그 축제 기간 동안 우리 유대인들은 맛짜라고 불리는 무교병(無酵餅)을 먹습니다. 발효시키지 않은 납작한 빵입니다. 맛짜를 만들 때는 정말 정신이 없습니다. 밀가루 반죽을 하고, 그 반죽을 얇게 펴서 빵 모양을 만든 다음 오븐에 넣어 굽기 시작할 때까지 이 모든 일을 18분 이내에 아주 신속하게 다 마무리해야 하기 때문입니다.

한편, 유월절에는 보통의 빵인 하메츠가 논란거리로 등장하기도 합니다. 이스라엘은 종교의 자유를 보장하는 나라이지만 현실적으로는 그 자유가 완전하게 보장되지 않습니다. 가령, 유월절 기간 동안에는 아랍인이나 드루즈인 거주지역의 상점을 제외하고는 어느 상점에서든 빵을 판매할 수가 없습니다. 따라서 유대인 가운데서도 종교가 없는 사람들은 유월절 기간에 빵을 사먹고 싶어도 살 수가 없습니다.

그런데 이런 규정은 반려동물이 먹는 음식에도 적용됩니다. 유월절에 사람이 발효시킨 빵을 먹거나 갖고 있을 수 없듯이, 반려동물의 음식 또한 적법하게 만들어진 정결한 음식이어야 합니다. 군대도 예외는 아닙니다. 유월절에는 취사반의 주방을 청결하게 유지하고 점검해야 하며 음식도 적정하게 만들어진 정결한 음식만을 내놓아야 합니다.

이스라엘 사람들에게 유월절은 가족들이 다함께 모이는 즐거운 축제기간입니다. 이스라엘 유대인들의 85퍼센트가 종교가 있든 없든 유월절 의식에 참여한다는 통계가 있는데, 이것은 가족들이 함께 모여 자유와 해방의 이야기를 나누고 전통과 관습에 따른 만찬을 즐기는 그 축제의 성격 때문이 아닌가 싶습니다. 이스라엘의 유대 문화 깊숙한 곳에 유월절 의식에 참여하려는 욕구가 자리 잡고 있으며, 종교인이 아닌 사람들에게도 그런 문화적 욕구가 강하게 깃들여 있는 것입니다.

출애굽, 즉 애굽으로부터의 대탈출의 이야기는 성경을 읽고 하나님 말씀에 귀 기울이는 모든 민족에게는 억압과 압제로부터의 자유를 상징하는 이야기입니다. 미국의 건국이든 아프리카 노예들의 해방이든, 아니면 개인적인 자유와 해방의 감정이든, 이 모든 역사적 개인적 발전의 중심에 성경의 출애굽 이야기가 상징처럼 놓여 있습니다. 우리가 우리 자신에게 가해지는 억압에 직면하든, 아니면 다른 사람에게 가해지는 억압을 목격하든, 출애굽 이야기는 우리가 어떻게 행동해야 하는지 이끌어주는 역사이며 상징적 힘인 것입니다.

독립기념일과 현충일
- 희생의 진정한 의미

앞에서 우리는 이삭의 결박에 대해, 하나님의 뜻이 바로 옳고 의로운 길에 있다는 것에 대해, 그리고 진리와 정의와 올바름으로 나아가는 하나님의 길을 실현하기 위해 그 어떤 고난도 다 이겨내야 하는 것에 대해 이야기했습니다. 그런데 이런 이야기를 하다보면, 우리 이스라엘 사람들은 의로운 희생을 떠올리게 되고 희생을 기억하다보면 독립기념일과 현충일을 생각할 수밖에 없습니다.

이스라엘은 1948년 5월 14일에 독립을 선언했습니다. 당시 그 날은 유대력으로 '5708년 Iyar달 5일'이었고, 그 날을 독립기념일로 정했기 때문에 서력기원의 달력에서는 매년 그 기념일 날자가 다르게 나타납니다. 아무튼 이스라엘에서 독립기념일은 아주 즐거운 날입니다. 사람들이 소풍도 가고 바비큐 파티도 하고 하이킹을 떠나기도 합니다. 공군에서는 그 날을 기념하여 나라 전역 상공에서 기념 비행을 실시합니다. 그리고 아침과 저녁 기도·예배 시간에는 시편 113편에서 118편까지를 암송하며 할렐루야 감사의 기도를 드립니다.

그런데 독립기념일을 기념하는 방식으로 또 하나 지키는 전통이 있습니다. 감정적으로 힘든 일이긴 합니다만, 바로 독립기념일 전날인 '욤 하지카론'(Yom HaZikaron)이라고 부르는 추모의 날을 지키는 것입니다. 한국에서 현충일이라고 부르는 날이 바로 이스라엘에서 그날입니다. 여기서는 그냥 현충일이라고 하겠습니다. 전쟁에서 희생당한 병사들과 테러로 목숨을 잃은 희생자들을 추모하는 그날은 정말 한 해 중 가장 슬픈 날입니다. 사람들은 이스라엘 전역에 있는 군묘지를 찾아가 조국을 위해 목숨을 바친 사랑하는 사람들을 기립니다. 라디오에서는 슬픈 노래만 나오고, TV에서는 아까운 청춘을 조국에 바치거나 테러로 자신의 꿈을 펼쳐보지도 못한 채 목숨을 잃은 젊은이들에 관한 다양한 프로그램을 내보냅니다.

이스라엘에서는 건국 이래 약 2만 4천 명이 넘는 병사들과 시민들이 전쟁으로 목숨을 잃거나 테러로 희생되었습니다. 하지만 희생자 수가 얼마냐 하는 것과 상관없이 그들의 희생이 살아있는 사람들에게는 더 큰 아픔과 고통으로 다가오고 있습니다. 이스라엘에서 현충일은 극도의 정서적인 문제일 뿐만 아니라 현실에서 직접적으로 느끼는 당면한 문제로 지속되고 있기 때문입니다. 전쟁과 상실의 고통이 지금 이 순간에도 바로 우리 가까이에 있는 것입니다. 물론 이스라엘은 강한 군대가 있고, 어떤 대가를 치르고서라도 자유를 수호하겠다는 사회 전반의 의지가 강해 대단히 안전한 국가이긴 합니다. 그래도 희생자의 수가 매년 늘어나고 있는 것은 정말 안타까운 일이 아닐 수 없습니다. 살아 있는 사람들 가운데는 희생자가 누군지 알고 있는 사람들이 있습니다. 희생자의 부모나 형제자매가 있으며 어디선가 그 희생자의 옆자리에 앉아 있었던 사람도 있을 겁니다. 먼 옛날에 알던 사람이 아니라 최근에 그것도 아직 기억 속에 생생한 모습으로 존재하던 사람일 수가 있습니다. 어찌 슬프지 않을 수 있겠습니까?

이스라엘에서 저는 개인적으로는 기념식에 가지 않습니다. 형식적이고 부자연스러운 자리라 저에게 잘 어울리지 않기 때문입니다. 대신 저는 매년 예루살렘에 있는 헤르츨(Herzl) 언덕을 찾아갑니다. 전쟁 중에 사망한 이스라엘인들이 묻혀 있는 국립묘지입니다. 저는 추모객들 대부분이 떠나고 없는 오후에 주로 그곳에 갑니다.

그곳에서 저는 한 군인의 묘를 찾습니다. 한 번도 만난 적은 없지만 저와 어딘가 통하는 데가 있어 강한 유대감을 느꼈던 청년인 알렉스 싱어(Alex Singer)의 묘입니다. 알렉스 싱어는 저와 마찬가지로 미국에서 자랐고, 대학을 졸업한 직후에 이스라엘로 돌아간 청년입니다. 그는 비교적 늦은 나이에 보병부대에서 군 복무를 시작해서 낙하산 훈련을 받은 이후에 전투 장교가 되었습니다. 저 역시 군에서 그 길을 따라간 사람입니다. 물론 당시 조금은 유약한 유대계 미국 젊은이이었던 저로서는 그런 군복무가 너무 힘들어 감당하기 어렵지 않을까, 하는 의문이 들기는 했지만 그래도 끝까지 잘 해냈습니다.

알렉스는 남부 레바논의 베어 마운틴에서 헤즈볼라가 그의 부대를 매복 공격했을 때 전사했습니다. 그때 저는 네게브 중앙의 '베이스 1' 군 기지의 장교훈련학교에서 젊은 교관으로 근무하고 있었습니다. 야전훈련을 마치고 저녁 전에 잠시 휴식을 취하고 있을 때 레바논에서 교전이 있었다는 얘기를 들었습니다. 신문보도를 보고 전사자 가운데 내가 아는 사람이 없어 그나마 마음이 조금 놓이긴 했는데, 신문을 보던 저는 한 병사에게 이렇게 말했습니다. "아니, 소대장이 스물다섯 살이라니. 그게 가능한 일인가? 나이가 너무 많지 않나?" 그러자 그 병사가 말하더군요. "교관님, 교관님은 스물여섯 살이잖아요."(이스라엘에서는 만 18세가 되면 병역의무가 시작됩니다.) 그 순간 갑자기, 저는 사망한 그 소대장이 알렉스라는 사실을 깨닫게 되었습니다. 저보다 정확히 반년 앞서 군복무를 시작했고 얘기를 많이 들어서 알고 있었던 알렉스. 그때 그 알렉스가 바로 저일 수도 있다는 생각이 머릿속을 떠나지 않고 저를 계속 고통 속으로 몰아넣었습니다.

그때 제가 느꼈던 그 감정이 이스라엘 사람들이 늘 느끼고 있는 감정입니다. 그들의 희생이 우리의 삶을 가능하게 했고 어쩌면 우리가 그들 대신 희생될 수도 있다고 느끼고 있는 것입니다.

재능 있는 예술가였던 알렉스는 일기를 남겼는데 그 일기를 그의 부모님이 책으로 출간했습니다. 저는 그 두 분을 잘 알고 있습니다. 다행히 다른 아들들이 자녀를 낳아 손자 손녀가 많이 있어 행복하긴 하지만, 그래도 알렉스의 죽음으로 인한 고통과 슬픔을 완전히 극복하지는 못하신 것 같습니다. 그분들을 뵐 때면 두 분 얼굴에 서려있는 지울 수 없는 슬픈 표정을 저는 읽어낼 수 있습니다.

현충일이 되면 저는 슬픔에 잠깁니다. 이삭의 결박을 생각하고, 자신의 모든 것을 다 내어준 아들과 딸들을 생각하고, 자신의 생애에서 가장 소중한 존재를 먼저 보내고 상실의 슬픔에 잠긴 부모님들을 생각하면 절로 눈물이 납니다. 희생의 진정한 의미를 다시금 되새기지 않을 수 없는 순간입니다.

막벨라 굴
– 성지에서 시온주의자들의 최초 땅 구입

이삭과 함께 모리아산에서 내려와 브엘세바로 돌아온 아브라함은 그곳에서 사라가 세상을 떴다는 소식을 전해 듣습니다. 창세기 23장 1절에 보면, 사망 당시 사라는 나이가 일백이십칠 세였는데 히브리어 성경에는 조금 묘하게 이런 식으로 그 나이를 나타내고 있습니다.

> "사라가 살아온 날은 일백년하고도 이십년과 칠년이니, 이것이 사라
> 가 살아온 햇수로다"

이 이상한 셈 방식을 놓고 유대인 주석가인 라시는 이렇게 해설합니다. "백세가 되었을 때 사라는 죄와 관련해서는 스무 살이었고(상대적으로 죄가 없다는 뜻), 그 스무 살 때 그녀는 아름다움에 있어서 일곱 살 소녀와 같았다는 뜻이다." 이를테면, 사라는 죽을 때에도 젊은 여인의 모습이었다는 의미입니다.

나이는 그렇다 치고, 여기서 랍비들이 당혹해한 것이 있는데 그

것은 이삭이 결박당한 이야기가 나오고 어떻게 바로 이어서 사라가 죽었다는 말이 나오는지, 그 이유가 무엇일까? 하는 것이었습니다. 라시가 전하는 랍비들의 견해에 따르면, 사라가 모리아산에서 벌어지는 일에 관한 얘기를 듣고는 너무 큰 충격을 받아 쓰러져 죽었다는 것입니다. 이삭을 결박한 것에 대한 대가치고는 엄청난 것이었습니다. 하나님 말씀대로 이삭을 결박하여 번제로 바치려는 아브라함의 순종이 영적 승리를 가져오긴 했지만, 많은 위대한 행위들이 그렇듯 밖에서는 몰라도 집안에는 그 여파가 엄청날 수 있는 것입니다.

아브라함은 죽은 아내를 땅에 묻어야 했습니다. 그러기 위해서는 매장지로 쓸 땅을 확보하여 자기 소유로 해야 했습니다. 이스라엘에서는 매장지, 즉 묘지를 아주 중요한 장소로 소중히 관리하고 있으며 특히 나름의 역사적 배경을 지니고 있는 묘지들은 더욱 신경을 씁니다. 그래서 이스라엘에는 고대의 무덤들이 많이 있으며 탈무드 시대에 만들어진 것들도 있습니다. 그런데 유대 전통에서 가장 오래된 묘지로 알려진 것이 바로 이 매장지, 즉 막벨라 굴인 것입니다.

헷 족속의 에브론은 그 막벨라 굴을 아브라함에게 그냥 선물로 넘기고 싶어 했습니다. 그러나 아브라함은 한사코 값을 치러 법적인 소유권을 갖고 싶어 했고, 그래서 결국엔 당시 상인들 사이에 통용되던 거래수단인 은을 달아 400세겔을 주고 매장지를 구입하게 됩니다.

어떻게 보면 성경에 기록된 대로 아브라함이 막벨라 굴을 정식으로 구입한 것은 오늘날 헤브론 땅과 그곳에 있는 막벨라 굴을 둘러싼 정치적 갈등 같은 일을 내다본 선견지명(先見之明)의 행위였는지도 모릅니다. 헤브론에 있는 막벨라 굴에 가면 그 굴 위로 우뚝 선 웅장한 건축물을 볼 수 있습니다. 그리스도 시대의 유대 왕인 헤롯왕이 세운 것입니다. 그렇기 때문에 2017년에 유네스코가 헤브론 지역을 세계유산으로 지정하면서 그 건축물을 이슬람 사람들이 말하는 '이브라히미 모스크'라고만 언급한 것을 놓고 이스라엘이 분개하며 항의한 것은 어쩌면 당연한 일인 것입니다.

지금은 이스라엘이 팔레스타인 자치정부와 협정을 맺어 막벨라 굴을 이슬람의 신탁재산을 기반으로 공익사업을 수행하는 민간기구인 '와크프'(Waqf)와 함께 공동관리하면서, 유대인과 무슬림들의 기도 시간을 따로 배정하고 있습니다.

성경에 따르면, 막벨라 굴에는 아브라함과 사라, 이삭과 이삭의 아내인 리브가, 이삭의 아들인 야곱과 그의 아내인 레아가 매장되어 있습니다. 유대의 성경 해석의 한 방법인 미드라쉬 전통에 따르면, 아담과 하와도 그곳에 묻혀있다고 하는데 확실한 것은 아니고 성경에도 그것은 기록되어 있지 않습니다.

팔레스타인 지역에 유대 국가를 세우고자 하는 시온주의 운동이 일어났을 때, 중요하게 강조한 것이 하나 있는데 그것이 바로 정식 절차를 걸쳐 합법적으로 땅을 구입하여 소유하는 일이었습니다. 그래야 유대인 정착지가 법으로 보장된 거주 기반으로 자리 잡게 되고, 법적 다툼으로 다시 빼앗길 염려가 없게 된다고 생각했던 것입니다.

그런 정신으로 1901년에 세계 곳곳에 있는 유대인 공동체들이 부유하든 가난하든 상관없이 모두 십시일반으로 보낸 성금을 토대로 비영리 단체인 '유대민족기금'(The Jewish National Fund)이 설립되면서 오스만령 시리아와 이후엔 영국 위임 통치령 팔레스타인 지역의 땅, 바로 지금의 이스라엘 땅을 구입하려는 노력이 이루어졌던 것입니다. 이런 노력은 바로 이스라엘의 조상인 아브라함과 그의 막벨라 굴 구입의 역사를 통해 배운 교훈을 바탕으로 한 것이라 할 수 있습니다.

1948년에 이스라엘이 건국한 이후 국토를 이스라엘 정부가 관리하게 되면서 유대민족기금은 환경 프로젝트를 수행하는 단체로 바뀌게 됩니다. 이스라엘에서 산림녹화를 하고, 댐을 세우고, 저수지를 만들고 공원을 조성하는 등 환경과 관련된 많은 일을 유대민족기금에서 해왔던 것입니다.

20세기에 들어 한국에서는 6·25전쟁과 무분별한 산림벌목으로 한때 산림이 황폐화된 적이 있다고 알고 있습니다. 이스라엘도 마찬가지였습니다. 그러나 한국과 이스라엘은 각기 많은 노력을 기울이고 정성을 다해 산에 수를 셀 수 없을 정도의 많은 나무를 심고 가꾸며 산림녹화에 힘을 써왔습니다.

2022년 서울에서 한국산림청과 유엔식량농업기구 공동 주최로 제15차 세계산림총회가 열렸습니다. 그 총회에 유대민족기금의 전문가 그룹이 참가한 것도 그런 양국의 노력을 바탕으로 양국이 세계 전역의 산과 숲을 푸르게 하여 사막의 확대를 저지하는 데 서로 협력하고자 하는 목적이 있었기 때문입니다.

성경에서 언급된 땅의 소중함, 그런 땅이 있었기에 한 나라가 건국될 수 있었고, 그 땅을 기름지고 풍요롭게 가꾸고 산과 숲을 보존해야 나라의 발전이 가능하다는 것을 우리는 다시 한 번 기억해야 할 것입니다.

Chapter

21

이삭의 인생 반려자,
어떻게 찾았을까?

    나이가 많은 아브라함이 아들인 이삭에게 어울리는 짝을 찾아주려고 합니다. 그는 충실한 종인 엘리에셀을 자신의 형인 하란이 거주하는 지역으로 보내 자신의 족속 가운데서 신붓감을 찾게 합니다. 그런데 여기서 많은 의문이 듭니다.

    우선, 이삭의 배우자를 찾는 과정에서 정작 이삭 자신은 아무 역할도 안하는데, 그 까닭은 무엇일까요? 성경의 이 부분에서 우리는 이삭의 소극적이고 수동적인 성격을 처음 접하게 됩니다. 이삭 자신은 자기 반려자를 찾는 일에 전혀 나서지 않고 대신 아버지가 전적으로 관여하는 게 좀 이상하지 않습니까? 당시 이삭의 나이가 마흔이었으니(창세기 25:20) 결코 어리다고 할 수 없는데 말입니다.

    이삭을 통해 우리는 수동적으로 복종하는 사람, 때로는 허약하기만 한 사람의 모습을 봅니다. 나중에는 눈이 멀고 눈속임에 속아 장자가 아니라 둘째 아들을 축복하는, 말하자면 육체적으로나 정신적으로 허약한 모습을 보이는 것이 바로 이삭입니다.

아브라함은 그 일을 자신의 충실한 종에게 맡깁니다. 엘리에셀이라는 그 종은 창세기 15장에서는 이삭이 세상에 태어나기 전에 아브라함의 상속자가 될 뻔했던 다메섹 사람 엘리에셀이라고 이름이 거론되나, 이삭의 배우자를 찾는 과정이 나오는 이 부분에서는 이름 대신에 그냥 '아브라함의 종'이라고만 언급됩니다.

하지만 아브라함의 종이라 말에는 전혀 부정적인 의미가 담겨 있지 않습니다. 아브라함 또한 종입니다. 바로 하나님의 종입니다(창세기 26:24). 섬겨야 할 존재를 섬기는 일은 칭찬받을 만한 훌륭한 일이기도 합니다. 탈무드에 나오는 많은 랍비들, 그리고 오늘날의 많은 유대인들이 엘리에셀이란 이름을 갖고 있습니다. 엘리에셀은 신의가 두텁고 성실한 사람입니다. 그래서 아브라함은 그를 신뢰했고 자기 아들의 짝을 찾아달라고 부탁했던 것입니다.

그렇다면 이삭의 아내를 어떤 방식으로 골랐을까요? 엘리에셀은 하나님께 청하며 이렇게 말합니다. 우물가로 와서 자기와 자기 낙타에게 마실 물을 주는 첫 번째 여인을 하나님께서 주의 종인 이삭을 위해 정한 자로 생각하겠다고 말입니다. 그런데 과연 이런 식으로 배우자를 고르는 것이 적절한 방식일까요? 그리고 혹시 이런 식의 엘리에셀의 말은 "너희의 하나님 여호와를 시험하지 말[라]"(신명기 6:16)는 말씀에 어긋나는 것은 아닐까요?

그것은 하나님을 시험하는 것이 아니라 사람의 품성을 시험하기 위한 것이었습니다. 엘리에셀은 이렇게 말합니다.

"…청하건대 네 물동이의 물을 내게 조금 마시게 하라 그가 이르되 내 주여 마시소서 하며 급히 그 물동이를 손에 내려 마시게 하고 마시게 하기를 다하고 이르되 당신의 낙타를 위하여서도 물을 길어 그것들도 배불리 마시게 하리이다 하고"(창세기 24:17-19).

여기서 우리는 친절하고, 우아하고, 환대하고, 육체적으로 강하고, 카리스마도 있고, 자립적이고, 독립심이 강하고, 호기심도 있고 궁금한 게 있으면 질문도 서슴지 않는 한 젊은 여인, 이삭의 아내가 될 리브가를 만나게 됩니다. 이삭을 잘 알고 있는 엘리에셀은 그 여인이 바로 이삭에게 배우자로 적합하다고 생각합니다. 어쩌면 그는 리브가에게서 아브라함의 이미지를 보았는지도 모릅니다. 특히 유숙할 곳을 묻는 엘리에셀에게 리브가가, "…우리에게 짚과 사료가 족하며 유숙할 곳도 있나이다"(창세기 24:25)라고 대답했을 때, 엘리에셀은 환대의 화신이었던 아브라함을 떠올렸을 것이 틀림없을 것 같습니다.

창세기 24장은 우물가에서 리브가가 엘리에셀에게 기꺼이 마실 물을 대접하는 장면을 세 번이나 반복해서 언급합니다. 그것은 사람의 성품을 아는 것이 대단히 중요하다는 것을 강조하는 게 아닌가 싶습니다.

또한 우리는 엘리에셀과 함께 떠나게 될 리브가가 며칠 더 있다 가기를 원하는 오라버니 라반에게 "가겠나이다"라고 말하는 리브가의 모습에서, 가족이 말리더라도 자신은 엘리에셀과 함께 바로 떠나겠다는 그녀의 결심에서, 자주적이고 독립적인 그녀의 면모를 알 수 있을 것 같습니다.

한편 이삭은 저녁 무렵에 들을 거닐다가 리브가를 보게 됩니다. 어쩌면 그 대목이 최초로 기록된 첫눈에 반한 사랑의 이야기가 아닐까요?

성경은 이삭이 리브가를 사랑했으며, "…그의 어머니를 장례한 후에 위로를 얻었더라"(창세기 24:67)라고 전하고 있습니다.

성경은 하나님의 말씀을 전하면서도, 인간의 마음과 본성에 관해서도 놀라운 이해와 직관을 보여줍니다. 이삭은 돌아가신 어머니 사라를 몹시 그리워합니다. 이루 말할 수 없는 공허감을 느끼던 차에 리브가를 만나면서 위로를 받습니다. 이 부분이 바로 토라에서 인간 심리를 아름답게 묘사한 부분이라 할 수 있습니다. 우리 모두는 한때 어린이였습니다. 그때 우리가 필요로 하는 것을 채워주신 분은 부모님입니다. 그러나 성장하면 우리는 배우자를 맞아들입니다. 그 배우자가 바로 어른이 된 우리가 필요로 하는 것을 채워주는 반려자입니다. 그런 다음 우리 자신이 부모가 되고, 그러면 이제 우리가 자식에게 사랑을 베풀어야 하는 차례가 되는 겁니다. 우리 인생에서 이루어지는 아름다운 사랑의 순환이 바로 이런 것이 아닐까요?

이삭이 아내 리브가를 맞아들이는 이야기 다음에 성경은 아브라함이 향년 일백칠십오 세에 "나이가 높고 늙어서"(창세기 25:8) 죽었다고 말합니다. 두 아들인 이삭과 이스마엘이 아버지 아브라함을 막벨라 굴에서 장례를 치르고 어머니 사라 곁에 묻습니다. 성경의 이 부분에 함축된 의미를 랍비들은 '나이가 높고 늙었다'(영어 성경에는 "good old age"라고 번역됨)라는 표현 속에서 찾습니다. 그들은 '나이가 높고 늙[은]' 것이 단순히 너무 늙었다는 것을 말하는 것이 아니라 두 아들인 이삭과 이스마엘이 다시 만나 화목한 사이가 되었다는 의미도 함축하고 있다고 말합니다. 결국엔 누구도 부인할 수 없는 형제로서 함께 그들이 아버지라 부르는 사람, 돌아가신 아버지 아브라함에게 마지막 공경의 예를 표한 것이 그 '나이가 높고 늙었다'라는 표현 속에 담겨 있는 것입니다.

출산의 기적

리브가(영어: Rebecca, 히브리어: Rivkah)는 이삭과 결혼했지만 임신하지 못합니다. 그래서 이삭은 간구합니다.

"이삭이 그의 아내가 임신하지 못하므로 그를 위하여 여호와께 간구하매…"(창세기 25:21).

여기서 '그를 위하여'는 히브리어로 '레나코흐 이쉬토'(לנכח אשתו) 라고 읽는데, 그 의미는 '그를 향하여'입니다. 라시는 이렇게 설명합니다. 이삭이 한쪽 구석에서 기도하고 리브가는 그 반대편 구석에서 기도하면서 하나님께 간구하는데, 그러다보니 서로 마주보고 기도하는 셈이 되었다고. 이삭과 리브가는 부부로서 합심하여 하나님께 간청합니다. 서로에 대한 믿음이 굳건하며 어떤 일이 있어도 굴하지 않음을 하나님께 증명하고 있는 것입니다. 이삭이 마흔이었을 때, 그와 결혼한 리브가가 나중에 쌍둥이를 임신한 뒤 낳았을 때가 이삭이

육십 세였으니 이들의 기도가 거의 20년 동안 계속되었음을 알 수 있습니다.

출산의 어려움은 성경에서 자주 등장하는 주제입니다. 사라, 리브가 그리고 야곱의 아내인 라헬은 정말 어렵게 출산을 한 여인들입니다. 선지자 사무엘의 어머니인 한나는 19년 동안 눈물로 기도한 끝에야 사무엘을 낳을 수 있었습니다. 어렵게 임신한 뒤 특별한 자식을 낳은 이 어머니들의 대열에 사사기의 삼손의 어머니와 열왕기하의 수넴 여인도 빠질 수는 없겠지요.

그렇다면 그와 같은 출산의 고통이 의미하는 것은 무엇일까요? 왜 어머니들이 고통을 당하는 걸까요? 이와 관련하여 유대의 주해서들은 3가지 개념을 제시합니다.

- 기도의 힘 – 아내와 남편의 기도. 절망에 굴복하지 않는 힘.
- 관대함이라는 더 큰 사명 – 그들은 큰 사명을 지닌 부부들이다. 자식이 없기 때문에 처음에는 괴로울 수 있으나, 나중에는 양육의 부담이 없기 때문에 다른 사람들에게 더 큰 환대를 베풀 수도 있고 주변 환경에 더 관대하고 너그러운 마음을 내보일 수가 있다.
- 탄생의 기적 – 하나님이 파트너로 함께 하신다. 생명의 창조는 신비스러운 것이지 그냥 일어나는 것이 아니다. 고통의 눈물과 기도가 있어야 그 기적을 이해할 수 있다.

저는 어머니들의 강인함, 그 엄청난 모성의 힘에 감탄하지 않을 수 없습니다. 어머니들은 이따금 쉽게 포기하고 마는 그들의 남편보다 더 강하고 더 끈질깁니다. 아버지들이 믿음을 버리고 포기하더라도, 어머니들은 당신들의 기대와 희망을 저버리지 않습니다.

자식을 잉태하고 출산하는 일에 대한 성경의 접근방식이 이스라엘 국민들의 출산에 대한 태도에 강한 영향을 미치고 있다고 보아야 합니다. 이스라엘은 여성 1인당 자녀수가 3명을 웃돌 정도로 OECD 국가 가운데 출산율이 가장 높은 국가입니다. 건강한 출산율을 유지하면서 근대화를 통한 번영을 일궈낸 국가의 모범을 보이고 있는 나라가 바로 이스라엘인 것입니다.

어떻게 그것이 가능했을까요? 다음과 같은 이유를 들 수 있을 겁니다.

- 워킹맘, 즉 일하는 엄마들에 대한 국가나 가족 구성원의 적극적 지원.
- 사회 전반에 만연된 자녀를 키우는 것이 인생에서 가장 큰 성취이자 기쁨이라는 인식.
- 불임 또는 난임을 치료하기 위한 보조생식기술에 대한 이스라엘 사람들의 긍정적인 시각.

이스라엘은 세계에서 인구 1인당 체외수정, 즉 시험관 인공수정 시술 비율이 가장 높을 뿐만 아니라 1인당 불임치료클리닉 비율이 가장 높은 나라입니다.

그리고 18세에서 45세 사이 모든 여성들은 최대 2명의 자녀까지 국가에서 지원하는 시험관 인공수정 시술을 무제한 받을 수 있습니다.

이스라엘에서는 총 출산의 5퍼센트 이내가 의학적 보조기술의 도움으로 이루어진 경우입니다. 그럼에도 불구하고 전체 보건 의료 예산의 2퍼센트가 시험관 인공수정 시술 및 보조기술 가임 치료에 투입되고 있습니다. 저는 이런 사실들이 모성과 출산에 대해 국가나 사회가 그것을 얼마나 중요하게 생각하는지를 잘 보여주는 사례라고 생각합니다. 또한 그런 것이 이스라엘이라는 국가와 전체 사회가 여성들에게 어머니가 될 권리를 굳건히 보장하며 고통과 고뇌에 빠진 여성들에게는 언제든 지원하고 도와준다는 아주 중요한 메시지를 모든 이스라엘 여성들에게 보여주는 것이라고 저는 믿습니다.

여기 히브리 시인 라헬(Rachel)이 쓴 「나의 빛」(Uri)이라는 애절한 시 한 편이 있습니다. 아이를 낳을 수 없는 여인이 아이를 갖고 싶어 하는 소망을 표현한 시입니다. 이 시에 이스라엘의 유명 가수인 아히노암 니니(Achinoam Nini)가 곡을 붙여 노래로 부르기도 했습니다.

나에게 아이가 있었으면
어린 사내아이,
검은 곱슬머리에 환하게 빛나는
그 아이의 손을 잡고
정원의 오솔길을
아장아장 함께 걸어갈

그런 아이가 있었으면.

나는 그 아이를 '우리'라 부르겠네.

'우리'.

아름답고 예쁜 이름

밝게 빛나는 아이

검은 머리에 잘 생긴 나의 아이,

나는 그 아이를 '우리'라 부르겠네,

'나의 빛'이라 부르겠네.

나는 라헬처럼 아직도 큰 고통 속에 있으니

실로의 한나처럼 언제나 기도하고 있으니

그 아이를 기다리며,

그래요, 그 아이를 기다리고 있어요,

계속 기다리고 있답니다.*

---

*   https://www.youtube.com/watch?v=jGU8X10Npqc

차별 없는 양육의 중요성

앞에서 우리는 성경 속의 많은 여성들이 임신의 어려움을 겪고 기도의 힘으로 출산을 한 이야기, 그리고 가정을 이루고 자녀를 낳으려는 젊은 남녀들을 도와주려는 이스라엘 정부 당국의 노력에 대해 살펴보았습니다. 그 이야기를 계속 이어 나가겠습니다.

리브가와 이삭의 기도는 응답을 받았습니다. 어쩌면 생각보다 더 큰 응답을 받은 것인지도 모릅니다. 리브가가 임신을 했는데 쌍둥이를 임신했기 때문입니다.

"그 아들들이 그의 태 속에서 서로 싸우는지라 그가 이르되 이럴 경우에는 내가 어찌할꼬 하고 가서 여호와께 묻자온대"(창세기 25:22).

어려운 구절입니다. 단순하게 보면, 리브가가 임신 중에 몹시 힘들어한다는 것입니다. 물론 많은 사람들은 '뱃속의 아기가 움직이는 것인데 그게 무슨 문제냐?' 하고 반문할 수도 있을 겁니다. 라시는 이렇

이삭이 그의 아내가 임신하지 못하므로 그를 위하여 여호와께 간구하매 여호와께서 그의 간구를 들으셨으므로 그의 아내 리브가가 임신하였더니 (창세기 25:21).

게 설명합니다. 윤리와 하나님의 말씀을 가르치는 성스러운 장소인 셈과 에벨의 홀을 지날 때 리브가는 뱃속의 아기가 밖으로 나오고 싶어 한다는 느낌을 받았으며, 어느 우상숭배의 장소를 지날 때도 그런 느낌을 받았다고.

그래서 리브가는 혼자 생각합니다. '대체 내 뱃속의 아이는 어떤 아이인가? 세상 밖으로 나오면 대체 어떤 사람이 될 것인가? 어떤 신을 믿을 것인가?' 결국 리브가는 하나님께 물었고, 하나님은 이렇게 말씀하십니다.

> "여호와께서 그에게 이르시되 두 국민이 네 태중에 있구나 두 민족이 네 복중에서부터 나누이리라 이 족속이 저 족속보다 강하겠고 큰 자가 어린 자를 섬기리라 하셨더라"(창세기 25:23).

가인과 아벨, 삼촌과 조카 사이이기는 하지만 아브라함과 롯, 그리고 이삭과 이스마엘 등 서로 대조적인 형제들이나 친족의 이야기는 창세기에서 거론되는 중요한 주제 중의 하나입니다. 이삭과 리브가 사이에서 태어난 에서와 야곱이라는 쌍둥이 형제의 예에서도 우리는 성격이나 태도에 있어서 근본적으로 서로 다른 또 다른 두 형제를 마주하게 됩니다. 에서와 야곱은 신체적으로 서로 사뭇 다릅니다. 첫째인 에서는 피부가 붉고, 전신이 털로 덮여 있습니다. 히브리어로 에서는 'Esav'라고 표기하는데 '털이 많은'이란 의미를 지니고 있습니다. 반면에 야곱은 피부가 매끈매끈하니 고운데 형인 에서의 발꿈치를 꽉 잡고 나왔습니다. 야곱은 히브리어로 발꿈치라는 단어를 어근으로 두고 있는 'Yaakov'로 표기하는데 '다른 사람에게 나쁜 짓을 하다', '선수를 쳐서 망쳐놓다' 혹은 '방해하다'라는 의미를 지니고 있습니다. 그 이름값을 하려고 한 것인지 야곱은 어떻게 해서든지 형인 에서보다 먼저 나오려고 애를 썼던 것입니다.

두 형제는 자라서, 에서는 사냥꾼이 되어 들을 돌아다니는 사람이 되었고 야곱은 순진하니 장막에만 머무는 사람이 되었습니다.

유대인 주석가 라시는 이런 성경 속의 묘사에서 나름의 의미를 찾아내어 에서의 피부가 붉다는 것은 피를 흘리게 될 징조를 말한다고 말합니다. 그리고 에서는 이삭의 조언에 따라 사냥을 하는 사냥꾼으로 짐짓 선한 사람처럼 보이려고 하는 들사람에 불과하며 사냥 말고는 하는 일이 없이 빈둥대는 사람이라고 설명합니다.

반면에 야곱은 '순진한' 사람으로 이해합니다. 이 순진하다는 의미를 그는 '완벽하다', 혹은 '완벽할 정도로 정직하다'는 의미로 설명합니다. 그리고 장막에 머문다는 것은 책벌레, 토라를 공부하는 사람이라는 의미라고 말합니다.

사실 라시는 성경 텍스트의 단순의 의미, 즉 에서는 밖에서 활동하는 생산적인 인물이고 야곱은 어쩌면 세상물정 잘 모르는 마마보이와 같은 존재라는 의미를 완전히 비틀어버렸다고 할 수 있습니다.

왜 라시는 그런 식으로 설명했을까요? 어쩌면 부모인 이삭과 리브가가 각자 좋아하는 자식을 선택하여 편애하는 방식이 싫었던 게 아닌가 싶습니다. 그래서 그는 과장된 그림을 그렸던 것이죠. 아들 중

하나는 영 가망 없는 나쁜 자식이고 나머지 한 아들은 믿기 어려울 정도로 착한 아들로 그려냈던 것입니다.

저에게는 스투이 체스너(Stuie Chesner)라는 친구가 있습니다. 임상심리학자인 그 친구는 나름의 교육 이론을 개발하고 자신이 '에서 콤플렉스'라고 부른 교육적 개념을 기초로 해서 많은 학교를 설립하기도 했습니다. 근본적으로 그는 이렇게 생각하고 있습니다. 에서는 ADHD, 즉 주의력결핍 과잉행동장애를 앓고 있었다고. 말하자면 에서는 학교 시스템이 잘못 판단하여 너무 일찍 포기해버린 아이와 같은 존재라는 것입니다.*

친구 스투이는 성경에 피부가 붉은 존재가 하나 더 있다고 지적합니다. 바로 얼굴이 붉은 다윗왕을 말하는 겁니다. 따라서 다윗왕의 경우를 보면, 에서도 올바른 가정환경이 주어졌다면, 가령, 그에게 어떤 기회가 주어지거나 그의 기질이나 성격을 고려하여 키웠더라면 다른 사람이 되었을 수도 있었다는 얘기입니다. 나중에 성경에서 나오듯 사실 에서는 그렇게 나쁜 아이가 아니었던 겁니다.

저에게는 자녀가 넷이 있습니다. 저와 제 아내는 그 네 아이들을 똑같이 사랑하고 있으며, 혹 누구를 편애하지 않도록 무척 노력하고 있습니다. 라시에게는 딸이 셋이 있었다고 합니다. 아마 그 역시 세 딸을 똑같이 사랑하는 부모가 되려고 노력했을 겁니다. 그렇기 때문에 라시가 야곱과 에서의 성격을 그렇게 심하다 싶을 정도로 극단적

* https://blogs.timesofisrael.com/the-esau-complex-pride-and-prejudice-in-jewish-education/

으로 설명했던 게 아닌가 싶습니다. 그는 부모가 되어 각자가 좋아하는 자식을 편애하는 태도가 결국에는 가족 간의 갈등과 싸움과 고통만을 가져올 뿐이라는 생각에서 이삭과 리브가를 비판하고 싶었을지도 모릅니다.

자식을 공평하게 대하며 똑같이 사랑하는 균형 잡힌 시각에서 키워야 한다는 것이 창세기에 담겨 있는 중요한 주제 중의 하나임을 잊지 말아야 하겠습니다.

아브라함의 축복을 받은 야곱

우리는 자식을 차별하지 않고 똑같이 사랑하며 키우는 자세가 중요하다는 사실을 앞에서 같이 나누었습니다. 물론 성경 시대에 부모가 그런 태도를 지니는 것이 쉬운 일은 아니었습니다. 자식 가운데 한 아이만이, 대개는 장자가 되겠지만 상속권자가 될 수 있었습니다. 그렇기 때문에 아브라함의 유산을 물려받은 자식도 오직 하나여야만 했습니다. 바로 그런 연유로 한 민족을 세워야 했던 아브라함이 결국 또 하나의 아들인 이스마엘을 내쫓아야 했던 것입니다. 어떻게 보면, 냉정하고 가혹인 처사이겠지만 보통의 아버지들이 아닌 건국의 아버지들로서는 불가피한 선택이었을 겁니다.

유대민족의 건국의 아버지들과 어머니들은 보통의 부모들처럼 자녀를 키우는 상황에 있지 않았습니다. 민족을 세워야 했던 그들은 한 자식만을 택해야 하는 고통스러운 선택을 해야 했습니다. 그러나 따지고 보면, 그들도 역시 사람이기에 보통의 모든 부모들이 느끼는 감정을 똑같이 느낄 수밖에 없었고 그래서 자식에 대한 사랑 역시 서로 다를 수 있었습니다.

"이삭은 에서가 사냥한 고기를 좋아하므로 그를 사랑하고 리브가는 야곱을 사랑하였더라"(창세기 25:28).

어느 자식을 사랑하는지 부모 간의 의견의 불일치를 보는 게 이삭과 리브가의 경우가 처음은 아닙니다. 아브라함의 경우도 결국에는 하나님의 말씀에 따라 그 결정을 받아들이긴 했지만 처음에는 이스마엘을 쫓아내는 문제와 관련해서 사라의 결정을 내켜하지 않았습니다.

그런데 이삭과 리브가의 경우에서 우리는 부모가 자신의 성향과는 전혀 딴판인 자식을 사랑하는 진정한 부조화의 예를 처음 보게 됩니다. 우리가 알고 있듯이, 이삭은 소극적인 사람이고 심지어 자기 아내를 고르는 일에도 참여하지 않았습니다. 그런 그가 외관상으로는 강해 보이고 사냥을 해서 잡은 짐승 고기를 가져오는 아들인 에서를 더 좋아합니다.

반면에 매우 강인하고 단호한 성격의 리브가는 조용한 아들인 야곱을 더 좋아합니다. 그녀는 나중에 야곱이 외삼촌인 라반의 집에서 살 때 보여주었던 강한 힘, 가령 우물을 덮고 있던 무거운 돌을 들어 올릴 때의 그 힘이 야곱에게 있음을 알고 있습니다. 하지만 아직은 야곱의 내면에 감춰진 그런 힘과 역동적인 잠재력을 알지 못했습니다.

아들 중 하나를 축복하여 상속권을 넘겨줘야 할 때, 이삭은 나이가 많이 들어 눈이 어두워지고 그래서 자기 앞에 있는 아들이 누군지 제대로 분간하지 못하게 됩니다. 이 부분에서 토라는 이삭의 육체적 결함은 판단력의 상실을 암시하는 것임을 우리에게 들려주고 있는 것입니다. 다시 말해, 백내장으로 눈이 보이지 않는 이삭이 자기 앞에 놓인 상황이 실제로 어떤 상황인지 제대로 인지하지도 못하고 있다는 뜻입니다. 즉, 그의 눈멂은 육체적인 병이면서 동시에 정신적인 결함을 의미하는 것입니다.

에서는 들에서 돌아와 너무 배가 고픈 나머지 죽 한 그릇에 야곱에게 상속권을 넘겨버립니다. 물론 야곱이 형인 에서의 상황을 이용한 것이라고 주장할 수도 있겠지만, 어쨌든 에서가 올바르게 행동하지 못한 것은 사실입니다. 그는 자신이 누구인지, 아브라함의 아들인 이삭의 장자로서의 자신의 위치를 제대로 인식하지 못한 것입니다.

에서의 아버지인 이삭 역시 블레셋의 왕인 아비멜렉과의 관계에서 잘못된 판단을 내린 바 있습니다. 그는 아비멜렉이 자기 아내인 리브가를 빼앗을 것이 뻔하고 그로 인해 자기 목숨이 위험할까봐 아내를 누이라고 내세웁니다. 앞서 아브라함도 애굽의 바로 왕이 실제로 아내인 사라를 붙잡아 갔기 때문에 아내라 하지 않고 누이라 하면서 조심했지만 이삭의 경우는 사정이 달랐습니다. 아비멜렉의 백성들이 리브가를 취하는 일이 일어나지 않았던 겁니다. 이미 사정을 잘 알고 있었던 아비멜렉이 자기 백성들에게 리브가를 범하는 자는 사형에 처하겠다고 했던 것입니다. 이런 것을 종합해 볼 때, 우리는 이삭이 사람을 제대로 판단하지 못하면서 상황을 잘못 이해하는 경향이 있다는 것을 알 수 있습니다. 그런 연유로 그가 자기 자식들을 제대로 알아보지 못하는 것이 아닌가 싶기도 합니다.

리브가의 경우를 살펴봅시다. 리브가는 남편인 이삭이 에서에게 사냥한 고기로 별미를 만들어오면 장자의 축복을 내리겠다고 하는 말을 듣고는, 야곱에게 어떻게 해야 하는지 알려주며 털이 많은 에서로 꾸며 아버지를 속이라고 합니다. 그런 다음 염소 가죽으로 야곱의 몸을 덮어주고 이삭이 좋아하는 음식을 준비해 줍니다. 야곱은 그런 속임수가 들통 나면 자신에게 저주가 내릴까봐 겁을 먹습니다.

그러자 리브가가 말합니다.

> "어머니가 그에게 이르되 내 아들아 너의 저주는 내게로 돌리리니 내 말만 따르고 가서 가져오라 그가 가서 끌어다가 어머니에게로 가져왔더니 그의 어머니가 그의 아버지가 즐기는 별미를 만들었더라 리브가가 집 안 자기에게 있는 그의 맏아들 에서의 좋은 의복을 가져다가 그의 작은 아들 야곱에게 입히고 또 염소 새끼의 가죽을 그의 손과 목의 매끈매끈한 곳에 입히고"(창세기 27:13-16).

리브가는 라반의 집에서 성장했습니다. 나중에 아시게 되겠지만, 라반의 집에서는 속이고 가장하며 제 살 길을 찾는 능력이 없으면 살아남을 수가 없습니다.

하지만 저는 성경이 좀 더 복잡한 그림을 보여주고 있다고 생각합니다. 리브가는 큰아들인 에서도 사랑했습니다. 에서가 이미 결혼했지만 그래도 에서가 입던 옷을 집에 간직하고 있었다는 사실에서도 에서에 대한 리브가의 모정을 엿볼 수 있습니다. 또한 성경에는 에서를 "그녀의 아들"이라고 표현하고 있습니다. 그녀가 두 아들을 다 사랑한 것은 의심의 여지가 없습니다. 물론 그녀가 야곱을 더 좋아한 것은 사실입니다. 그러나 그것이 리브가에게 큰 문젯거리가 되는 것은 아니었습니다.

아마 더 큰 문제는, '야곱의 음성과 에서의 손 가운데 무엇이 유대민족의 정신적 본성의 근본 원칙이 될 것인가' 하는 문제일 겁니다. 과연 유대민족이 야곱의 음성과 그의 품성이 지니는 가치와 이념을 반영할 것인가? 즉, 장막 거주자로서 지성을 갖추고, 하나님의 비전을 추구하고 힘이 있으면서도 그 힘을 절제된 방식으로 행사하는 민족이 될 것인가? 아니면 에서의 그 야만적인 힘, 그의 저속성과 사냥꾼으로서의 잔인성을 반영할 것인가? 바로 이 문제인 것입니다.

이런 문제를 고려한다면, 비록 리브가가 쌍둥이를 잉태하고 낳은 두 아들의 어머니이긴 하지만 그 두 아들 가운데 하나를 선택할 수밖에 없었다는 것을 이해할 수 있을 겁니다. 더 뛰어난 아들을 선택해야 했던 겁니다. 이런 의미에서 보면, 리브가는 유대민족의 아버지인 아브라함의 이미지를 닮은 존재라고 할 수 있습니다.

리브가의 남편인 이삭도 결국엔 그 판단을 받아들입니다.

"이삭이 야곱을 불러 그에게 축복하고 또 당부하여 이르되 너는 가나안 사람의 딸들 중에서 아내를 맞이하지 말고 일어나 밧단아람으로 가서 네 외조부 브두엘의 집에 이르러 거기서 네 외삼촌 라반의 딸 중에서 아내를 맞이하라 전능하신 하나님이 네게 복을 주시어 네가 생육하고 번성하게 하여 네가 여러 족속을 이루게 하시고 아브라함에게 허락하신 복을 네게 주시되 너와 너와 함께 네 자손에게도 주사 하나님이 아브라함에게 주신 땅 곧 네가 거류하는 땅을 네가 차지하게 하시기를 원하노라"(창세기 28:1-4).

이제 이삭은 야곱에게 축복을 내립니다. 자기 아버지 아브라함처럼 결국에는 그 역시 현명한 아내의 말을 듣고 그대로 따른 것입니다.

하란으로 피신한 야곱
– 축복이 가져온 결과

우리가 앞에서 살펴보았듯이, 드디어 야곱은 아브라함의 축복을 받습니다.

> "하나님은 하늘의 이슬과 땅의 기름짐이며 풍성한 곡식과 포도주를 네게 주시기를 원하노라 만민이 너를 섬기고 열국이 네게 굴복하리니 네가 형제들의 주가 되고 네 어머니의 아들들이 네게 굴복하며 너를 저주하는 자는 저주를 받고 너를 축복하는 자는 복을 받기를 원하노라"(창세기 27:28-29).

그런데 우리는 속임수를 부려 축복을 받은 것이 현실적으로 어떤 중요한 결과를 초래하는지를 보게 됩니다. 리브가가 야곱에게 축복이 내려지도록 모든 일을 꾸몄으며, 이삭은 축복을 받을 자식이 야곱이라는 것을 인정하고 받아들였습니다. 그 사실을 알게 된 에서가 분노하면서 살의를 품게 됩니다. 현실적인 측면에서 보면, 그럴 수가 있을 겁니다. 아무튼 에서는 때를 기다렸다가 아버지 이삭이 세상을 뜨면 야곱을 죽이리라 마음먹습니다. 그리고 그런 소문이 리브가의 귀에 들어가게 됩니다.

여기서 다시 한 번 우리는 하나님의 축복이 과연 실현될 것인지 의문을 품게 됩니다. 야곱이 받은 축복에 따르면, 에서는 야곱을 섬겨야 합니다. 그러나 야곱은 형 에서에게 죽임을 당할까봐 두려워합니다. 성경에서 이 부분을 접하게 되면, 우리는 앞에서 같이 생각해 봤던 주제, 즉 현실주의와 기적의 문제를 떠올리게 됩니다. 아브라함의 생애를 통해 반복해서 목격했던 그 문제를 우리는 지금 다시 야곱과 그의 형 에서와의 대립에서도 마주치게 된 것입니다.

하나님의 약속, 그리고 지금 당장의 현실. 하나님을 믿는다는 것은 궁극적인 결과를 믿는다는 것이고, 하나님의 약속에 모든 것을 바치고 그 약속이 실현될 수 있도록 헌신하는 것을 말합니다. 그렇다고 해서 그것이 지금 여기의 현실을 부인하거나 그 현실의 냉혹함에 눈을 감으라는 의미는 아닙니다. 실제로 에서는 몹시 분노하며 동생을 죽이고자 하는 살의를 가슴에 품고 있기 때문입니다.

리브가는 이런 현실을 잘 알고 있었고 그래서 야곱에게 당장 밧단 아람으로 가서 에서의 분노가 사그라질 때까지 라반의 집에 피해 있으라고 일러둡니다.

에서가 야곱에게 살의를 품는 부분에 관한 성경 구절은 매우 미묘한 내용을 담고 있습니다.

"그의 아버지가 야곱에게 축복한 그 축복으로 말미암아 에서가 야곱을 미워하여 심중에 이르기를 아버지를 곡할 때가 가까웠은즉 내가 내 아우 야곱을 죽이리라 하였더니 맏아들 에서의 이 말이 리브가에게 들리매 이에 사람을 보내어 작은 아들 야곱을 불러 그에게 이르되 네 형 에서가 너를 죽여 그 한을 풀려 하니"(창세기 27:41-42).

　　유대인 주석가인 라시는 묻습니다. 대체 누가 리브가에게 그 사실을 알렸을까? 성경을 보면, 에서가 하는 말은 혼자 속으로 하는 말이며 또 자신의 계획을 누구에게 알리지도 않았다는 것을 알 수 있습니다. 그래서 라시는 이렇게 설명합니다. 리브가가 에서가 혼자 속으로 한 말이 무엇인지 알 수 있었던 것은 예언, 즉 신의 계시가 있었기 때문이라고.

　　이 부분에 관해 저는 라시의 견해에 전적으로 동의하지는 않습니다. 물론 라시는 성경 구절을 아주 정확하게 읽어내는 주석가이고 성경에는 과잉의, 쓸데없는 단어들이 없다고 생각하는 사람입니다. 그래서 리브가가 에서의 의중을 알게 된 것은 초자연적인 수단을 통해서 가능했던 것이 아닌가, 이렇게 가정했을 수가 있습니다. 하지만 우리는 이렇게도 생각해 볼 수 있습니다. 그녀가 소문을 들었던 것은 아닌지, 아니 그보다는 어머니로서 에서의 감정이 어떤지 직관적으로 느꼈을 가능성이 더 높을 수도 있습니다. 어쨌든 그런 이후에 아들인 에서가 지나가는 말로 하는 얘기나 어떤 암시, 혹은 얼굴 표정 등을 통해 자신이 알고 있거나 느끼고 있는 것을 확신하게 된 것일지도 모릅니다.

재미있는 것은, 리브가가 그 이후에 이삭에게 하는 말입니다. 그녀는 야곱이 가나안 사람의 딸들 가운데서 아내를 고르게 해서는 안 된다고, 자기 아버지 집안사람들의 딸 중에서 참한 아내를 얻었으면 한다고 남편인 이삭에게 말합니다. 사실 그대로, 즉 지금 우리가 위험한 상황에 놓였으니 잠시 야곱을 피신시켜야 한다는 말을 곧이곧대로 하지 않은 것입니다.

리브가가 아주 현실적인 안전의 문제를 직접 거론하지 않고 부차적인 이슈를 꺼낸 까닭은 무엇일까요? 몇 가지 이유를 상상할 수 있습니다. 우선은, 그녀가 사실을 그대로 얘기했을 때 나타날 이삭의 반응을 피하고 싶었기 때문일 겁니다. '왜 이런 일이 벌어지도록 한 거야?', '대체 왜 집안에 분쟁을 불러일으킨 거야?' 아마 이런 식의 질타가 듣기 싫었을 겁니다. 사실 보통 세상 사람들이 살아가는 방식에 따르면, 어느 자식이 잘났고 못났는지 우선순위를 매기지 않으려고 노력합니다. 자칫 잘못했다가는 가정에 곤란한 상황이 벌어질 수 있고 문제가 심각해지면 한 자식이 다른 자식을 죽이고 싶을 정도로 미워하는 비극적인 결과가 초래될 수도 있기 때문입니다.

그러나 또 다른 이유가 있을 수 있습니다. 그것은 이삭이 자기 아들인 에서를 충분히 잘 알지 못했다는 사실입니다. 따라서 에서가 그릇된 방식으로 자기 힘을 행사할 수도 있다는 가능성을 인정하지 못할 수가 있는 겁니다. 즉, 이삭은 에서가 자기 동생을 죽일 수도 있다는 것을 전혀 상상하지 못하는 아버지인 것입니다. 그래서 어쩌면 리브가가 그 문제를 직접 거론하지 않은 것일 수도 있습니다. 그래봤자 이삭이 받아들일 가능성이 없었기 때문입니다.

하지만 우리는 이삭도 이해할 수는 있습니다. 이삭과 에서의 부자 관계는 특별한 관계입니다. 그렇기 때문에 에서는 자신의 복수 계획을 아버지가 돌아가실 때까지 연기하는 겁니다. 이유는 야곱에게 해를 끼치면 아버지가 자기한테 저주를 내릴까 두려웠던 것입니다. 아니 어쩌면, 유대의 주석가들이 생각하듯 에서는 아버지를 슬픔과 고통 속에 몰아넣고 싶지 않았을 수도 있습니다. 자기가 동생 야곱을 죽이면 그것이 곧 아버지를 죽이는 일이라는 것을 알았기 때문입니다. 간단히 말해, 에서는 아버지 이삭을 마음 속 깊이 존경하고 있었던 겁니다.

이삭의 눈멂. 육체적으로나 정신적으로 눈이 보이지 않았기 때문에 이삭은 자기 맏아들인 에서의 폭력성을 제대로 인지하지 못했을 수도 있습니다. 이삭은 맏아들 에서를 사랑했습니다. 이삭과 에서의 관계는 진정한 아버지-아들의 관계였습니다. 어머니와 더 가까웠던 야곱은 그런 끈끈한 부자의 정을 나누지 못했습니다. 어쩌면 이삭의 에서에 대한 사랑, 맹목적일 수 있는 그 사랑이 다른 사람들을 바라보는 눈을 흐리게 했을 수 있습니다. 그런 까닭에 현실의 상황을 있는 그대로 바라보고 이해하는 것이 매우 어려웠을 가능성이 있는 것입니다.

우리 모두도 그런 상황이 어떤 상황인지 잘 알고 있으며, 때로는 우리 자신이 그런 상황에 놓이기도 합니다. 우리는 우리가 사랑하는 사람에게 어떤 흠이나 결점이 있다 해도 그것을 잘 보지 못합니다. 때로는 그런 사실을 단연코 부인할 때도 있습니다. 그로 인해 불행한 일이 발생할 수도 있습니다. 맹목적인 사랑은 결국엔 우리를 눈멀게 하고, 그 눈멂이 건전한 인간관계를 훼손시킬 수 있는 것입니다. 우리 모두가 기억해야 할 메시지입니다.

야곱의 사다리
– 역경의 시기에 하나님의 약속이 갖는 의미

야곱은 하란에 있는 밧단아람으로 떠나 라반의 집으로 피신합니다. 여기서 우리는 성경에서 가장 유명한 장면 중 하나를 만나게 됩니다. 바로 야곱의 사다리 꿈입니다.

> "야곱이 브엘세바에서 떠나 하란으로 향하여 가더니 한 곳에 이르러
> 는 해가 진지라 거기서 유숙하려고 그 곳의 한 돌을 가져다가 베개로
> 삼고 거기 누워 자더니 꿈에 본즉 사닥다리가 땅 위에 서 있는데 그
> 꼭대기가 하늘에 닿았고 또 본즉 하나님의 사자들이 그 위에서 오르
> 락내리락 하고"(창세기 28:10-12).

일단 장소를 확인해 봅시다. 하란, 밧단아람 그리고 아람 나하라임은 같은 장소일 가능성이 높습니다. 모두가 아브라함과 그의 아버지 데라가 갈대아 우르를 떠나 가나안으로 가는 도중에 머물렀던 곳을 지칭하는 지명입니다. 오늘날엔 그곳이 시리아 북부, 아니면 유프라

테스강의 발원지 근처인 튀르키예 남부로 추정되고 있습니다. 그리고 그곳이 바로 리브가의 오라버니이자 야곱의 외삼촌인 라반과 아브라함의 먼 친척들이 살고 있던 지역입니다.

야곱은 브엘세바를 떠나 북쪽으로 향하는 중에 '한 곳'에 다다릅니다. "한 곳에 이르[다]"고 되어있지만, 그 표현을 나타내는 히브리어인 '베이프가 바마콤'(בַּמָּקוֹם וַיִּפְגַּע)은 '그곳에 이르다' 혹은 '그곳에 도착하다'라는 뜻입니다. 그렇다면 대체 '그곳'은 어떤 곳일까요?

위대한 주석가인 라시는 '그곳'이 창세기 22장 4절에 나오는 "아브라함이 눈을 들어 그 곳을 멀리 바라본지라"의 '그곳'과 같은 곳이라고 설명합니다. 즉, 이삭이 결박당한 모리아산(Mount Moriah)이자 장차 예루살렘의 성전이 세워질 곳이 바로 '그곳'이라는 뜻입니다. 달리 말하면, '그곳'은 실재하는 단 하나의 장소이며 궁극적 의미를 지닌 장소, 바로 예루살렘이라 불리는 곳이라는 겁니다.

여기서 제가 외교관으로 처음 부임했던 곳인 네덜란드에서 알게 된 흥미로운 사실을 하나 알려드리겠습니다. 그것은 네덜란드 사람들이 그들 나라의 수도인 암스테르담을 서유럽의 예루살렘이라고 생각한다는 사실입니다. 암스테르담을 비롯한 네덜란드 전역엔 제2차 세계대전 전만 하더라도 번성한 유대인 공동체가 존재했었습니다. 나치가 그 공동체를 거의 전부 말살시키지만 않았더라도 오늘날까지 그 공동체가 존재했을지 모릅니다. 네덜란드 사람들은 암스테르담에 히브리어로 '장소', 즉 '안전한 곳'이라는 뜻의 '그곳'을 의미하는 '모쿰'(Mokum)이라는 애칭을 붙였는데, 이 애칭은 오늘날까지도 그곳 신문에도 자주 등장하는 이름입니다.

'그곳' 혹은 '그 장소'를 달리 풀이하면 하나님을 가리키는 말이 될 수도 있습니다. 다시 말해, 야곱이 하나님을 만났다는 것입니다. 결국에 야곱은 그곳에 '벧엘'이라는 이름을 붙였는데, 말 그대로 하나님의 집과 천국의 문을 뜻하는 말입니다. 그렇다면 '한 곳'에 다다랐다는 것보다는 '그곳'에 다다랐다고 하는 게 더 어울리지 않겠습니까?

유대교에서 하나님의 이름 중의 하나가 바로 장소를 뜻하는 '마콤'(Makom)입니다. 하나님은 도처에 계시기 때문에 그렇게 이름을 붙였습니다. 그러니까 오늘날 제임스 웹 우주망원경(James Webb Space Telescope)으로 보는 우주의 모든 구석구석에 하나님이 계신 겁니다. 어디에도 하나님이 계시지 않는 곳은 없습니다. 따라서 하나님은 지금 이곳에 계시며, 어디든지 계시며, 또한 그분이 계신 곳은 안전한 곳으로 우리의 안식처인 것입니다.

그렇다면 야곱이 그곳에 다다랐다는 것은 그가 하나님을 만났다는 것이고, 그 만남은 그의 꿈에서 일어납니다.

간단히 설명하면, 야곱은 나중에 벧엘이라 이름 붙인 곳에 들어섰는데, 오늘날로 치면 베냐민 지파의 영역인 라말라(Ramallah) 북부에 이르렀다는 뜻입니다. 현대의 벧엘은 성경에서 말하는 그 지역에서 약 2킬로미터 정도 떨어진 유대인 정착촌을 말합니다.

다시 성경으로 돌아가서, 야곱은 꿈에 사다리를 보게 됩니다. 다리는 땅에 닿고 꼭대기는 하늘에 닿아 있는 그 사다리를 타고 하나님의 사자들, 즉 천사들이 사다리를 오르락내리락하는 꿈입니다. 왜 천사들이 사다리를 올랐다가 내려오는 걸까요?

위대한 주석가인 라시도 당연히 의아하게 생각했습니다. 사다리가 하늘로 이어져 있는데 왜 올라갔다가 내려오는지. 그러면 그 반대가 되어야 맞는 걸까요? 그렇지 않습니다. 라시는 이렇게 생각합니다. 이스라엘 땅에서 야곱과 동행했던 천사들은 그들의 사명을 완수하고 사다리를 올라가고 있으며, 약속의 땅 밖인 하란에서 야곱과 동행할 천사들은 그들의 의무를 수행하기 위해 사다리를 타고 내려오는 것이라고. 그러니까 이스라엘 땅에서 임무를 수행하는 천사와 이스라엘 밖에서 사명을 수행하는 천사는 같은 천사가 아닙니다. 말하자면, 이스라엘 땅은 특별한 땅인 것입니다.

꿈에서 야곱은 처음으로 하나님의 말씀을 직접 듣게 됩니다. 하나님이 아브라함에게 했던 약속을 다시 확인하는 하나님의 말씀입니다.

"또 본즉 여호와께서 그 위에 서서 이르시되 나는 여호와니 너의 조부 아브라함의 하나님이요 이삭의 하나님이라 네가 누워 있는 땅을 내가 너와 네 자손에게 주리니 네 자손이 땅의 티끌 같이 되어 네가 서쪽과 동쪽과 북쪽과 남쪽으로 퍼져나갈지며 땅의 모든 족속이 너와 네 자손으로 말미암아 복을 받으리라 내가 너와 함께 있어 네가 어디로 가든지 너를 지키며 너를 이끌어 이 땅으로 돌아오게 할지라 내가 네게 허락한 것을 다 이루기까지 너를 떠나지 아니하리라 하신지라"(창세기 28:13-15).

꿈에 본즉 사닥다리가 땅 위에 서 있는데 그 꼭대기가 하늘에 닿았고 또 본즉 하나님의 사자들이
그 위에서 오르락내리락 하고 (창세기 28:12).

대단히 강력한 약속입니다. 그리고 이 약속은 오늘날 이스라엘에서 아주 중요한 정치적 의미를 지니고 있습니다. 그 이유는, 하나님의 집이자 유대민족에게 땅을 주시겠다는 하나님의 약속이 이루어진 곳인 벧엘이 1967년에 이스라엘이 점령한 지역에 속해 있기 때문입니다. 그 지역을 이스라엘은 유대 사마리아 지구라고 부르지만 국제사회에서는 서안지구라고 부릅니다. 비록 국제사회가 이스라엘의 입장을 고려하고 있지 않지만 성경에서 중심지역으로 나오는 그곳에 대해 이스라엘 사람들이 느끼는 감정은 아주 각별합니다. 그 감정의 원천이 바로 위의 성경 구절인 것입니다.

야곱은 목숨을 보존하기 위해 약속의 땅을 떠나 하란으로 가는 어려운 상황에 처해있음에도 불구하고 하나님께서 직접 땅을 주시겠다는 약속을 받음으로써 더없이 큰 힘을 얻습니다. 아브라함의 경우나 이스라엘의 자녀들이 애굽에서 노예로 있을 때처럼 암울하고 절망적인 상황일 때 하나님의 약속이 주어진 것입니다.

역경의 시기, 그때가 바로 하나님의 약속을 받고 확인하는 시기입니다. 도전과 역경의 시기에도 믿음을 저버리지 않는다면 하나님의 약속이 함께 한다는 사실을 우리 모두 기억해야 할 것입니다.

아브월 9일
- 예루살렘의 비극을 슬퍼하며
혹독한 역사의 교훈을 되새기기

이번에는 성경 이야기에서 잠시 벗어나 유대력에서 다섯 번째 달인 아브월의 9일째 되는 날(the Ninth of Av, 그레고리력으로는 7월 중순에서 8월 중순 사이)에 벌어진 비극적 사건들에 관한 이야기를 함께 나눠보도록 하겠습니다.

히브리어로 '티샤 베아브'(Tisha B'Av)라고 불리는 아브월 9일은 제1 성전과 제2 성전이 무너진 날입니다. 기원전 957년에 솔로몬 왕이 세워 솔로몬의 성전이라고도 하는 제1 성전은 열왕기하 25장과 예레미야 52장에 기록되어 있듯이, 기원전 586년에 바벨론 왕 느부갓네살에 의해 무너집니다. 그리고 기원전 516년에 에스라와 느헤미야가 세운 제2 성전은 서기 70년에 로마군에 함락되고 맙니다. 그런데 그렇게 두 성전이 무너진 날이 바로 해당되는 해의 아브월 9일이었던 겁니다.

이 두 비극적인 사건에서 성전의 파괴는 궁극적으로 이스라엘 땅에서 유대의 통치권이 종식되었다는 것을 의미합니다. 왜냐하면 성전은 하나님의 집이자 이스라엘의 핵심 상징이며 예루살렘이 이스라엘의 수도라는 것을 나타내는 중요한 건축물이기 때문입니다. 그러기에 모든 유대인들은 1년에 세 번, 그러니까 3대 절기인 초막절, 무교절, 칠칠절에는 반드시 예루살렘을 방문하여 예루살렘 성전에서 제물도 바치고 경배도 해야 하는 것입니다. 아무튼 솔로몬 성전의 파괴는 70년의 바벨론 유수로 이어졌고, 제2 성전의 함락은 1948년 이스라엘의 건국과 세계를 떠돌던 유대인들이 고국으로 모여들기 전까지 무려 2천 년의 세월을 유랑하는 지극한 아픔을 낳았던 겁니다.

아브월 9일은 금식의 날이며, 반드시 다음의 것들을 준수해야 합니다.

- 약 25시간 동안의 긴 금식
- 세수와 목욕 금지
- 크림이나 오일 사용 금지
- 가죽신발 착용 금지
- 부부관계 금지

그런데 참으로 신기한 것은 두 성전이 모두 아브월 9일에 무너졌다는 사실입니다. 역사에 그렇게 기록되어 있기 때문에 유대교에서는 아브월 9일을 비극의 날로 바라봅니다. 그 이후 일어난 다음의 사건들도 모두 유대력 아브월 9일에 벌어졌으니, 그날이 유대인들에게 가장 슬픈 날로 각인된 것은 당연한 것인지도 모릅니다.

- 12명의 정탐꾼이 이스라엘 땅에 관한 부정적인 정보를 갖고 돌아옴
- 서기 135년의 베이타르(Beitar) 도시에서의 대학살
- 1096년 8월 15일 제1차 십자군 출정
- 1492년 스페인에서의 유대인 추방
- 1941년 8월 2일 하인리히 힘러(Heinrich Himmler)의 '유대인 문제에 대한 최종 해결책' 결정
- 1942년 7월 23일 폴란드 바르샤바 게토 거주 유대인들의 트레블링카 (Treblinka) 강제수용소 수용

사실 유대인들은 성전의 파괴에 관련하여 두 번 더 금식을 실시합니다. 성전이 파괴된 날에 금식하는 것은 물론 바벨론의 예루살렘 성 포위가 시작된 날인 테벳월 10일에도 금식을 합니다. 그리고 예루살렘 성벽들이 파괴되던 날인 탐무즈월 17일도 마찬가지입니다. 탐무즈월 17일의 금식으로 시작하여 아브월 9일까지 슬픔의 3주간이 이어집니다. 그 기간 동안 유대인들은 음악도 듣지 않고, 새 옷을 구입하지 않고, 결혼식도 하지 않으며 전반적으로 지나치게 즐겁고 흥겨운 일은 삼갑니다.

그렇다면 성전은 왜 무너졌을까요? 유대 전통에서 우리는 이 역사적 사건을 국제정치의 시각에서보다는 종교적, 정신적, 사회적 차원의 시각에서 해석합니다.

탈무드에서 '요마', 즉 대속죄절에 관한 내용을 보면, 성전이 파괴된 이유에 대한 설명이 나옵니다. 제1 성전은 우상숭배, 성적 부도덕 그리고 유혈사태로 인해 무너졌고, 제2 성전은 비록 사람들이 종교적으로는 신실했으나 근거 없는 증오와 내부 분열로 함락되었다는 것입니다. 하나님은 내부 분열과 인간의 인간에 대한 적대적인 태도를 용납하지 않으십니다. 우상숭배보다도 더 창조주이신 하나님을 화나게 하는 것이 바로 사회 내의 갈등과 불화입니다.

이런 것이 바로 오늘날 이스라엘에서 우리 유대인들이 말하는 중요한 역사의 교훈입니다. 이스라엘 국민들은 항상 그 옛날의 유대 공동체나 왕국들의 실패를 통해 많은 것을 배우려고 노력하고 있습니다. 역사가 우리에게 주는 가르침을 잘 깨달아야 현대에 들어서도 과거의 잘못을 반복하는 어리석음에서 벗어날 수 있기 때문입니다.

이스라엘의 힘은 내부의 단결에서 나옵니다. 이스라엘은 어느 시기든 아주 심각한 외부의 위협에 직면해 있었습니다. 1948년 건국한 이후 다섯 차례의 큰 전쟁을 치렀던 이스라엘은 그 후로도 처음 수십 년 동안의 극심한 경제적 어려움, 테러 공격, 1970년대의 아랍의 경제 보이콧, 수자원 및 기타 자원의 부족, 호전적인 이란의 핵위협 등 온갖 시련을 극복해야 했습니다.

우리 이스라엘 국민들은 서로 단결하면 어떤 도전도 다 이겨낼 수 있다고 믿고 있습니다. 이스라엘 사회가 내부적으로 정의롭고, 사람들이 서로를 관대하게 대하고, 유대인 디아스포라 공동체를 존중하고, 우리는 하나의 국가일 뿐만 아니라 형제자매로 이루어진 가족이라는 사실을 명심하면 그 어떤 도전도 극복 못할 것은 없습니다. 그런데 이스라엘 국민들이 그런 사실을 망각하고 하나님께서도 금한 내적 분열을 일으키며 사회가 싸움터가 된다면, 그것은 실패의 역사에서 아무런 교훈도 얻지 못한 채 그런 역사를 되풀이하는 우를 범하는 꼴이 될 것입니다.

어떤 사람들은 아브월 9일의 금식과 정진은 이스라엘이 재건되었다는 사실을 반영하여 어느 정도는 폐지하거나 완화해야 한다고 주장하기도 합니다. 오늘날 예루살렘이 인구나 상업이나 국제적 위상의 측면에서 옛날에 비하면 아주 큰 도시로 발전한 것이 사실입니다. 그리고 유대인의 대다수가 이제는 조국의 땅에서 살고 있는 것도 사실입니다.

그러나 저는 그 반대로 생각합니다. 우리가 역사적 사건을 슬퍼하고 금식하는 것은 거의 모든 면에서 지금의 이스라엘 사람들에게 중요한 의미를 갖기 때문입니다. 유대 역사가 주는 교훈을 배워야 합니다. 그래서 저는 아브월 9일은 물론 테벳월 10일과 탐무즈월 17일에도 금식을 합니다. 사회가 붕괴되고 연대가 와해되는 것은 어떤 원인이 있어 벌어지는 일이기 때문에 그런 사태의 단초가 되는 원인을 일찍 발견하고 적절히 대처하여 막아야 합니다. 금식과 정진을 통해 적이 언제 포위할지 인지하고, 성벽이 무너지지 않게 하려면 어떻게 해야 하는지 대책을 세워 성전이 함락되지 않도록 하는 그 모든 과정을 늘 머릿속에 그리며 정신무장을 단단히 해야 합니다.

역사에서 소중한 교훈을 배우고 그 교훈을 되새기며 만반의 준비를 한다면, 예루살렘은 단단한 반석 위에 굳건히 서 있는 평화의 도시로 역사가 다하는 날까지 하나님이 주신 땅 위에 존재하게 될 것입니다.

사랑에 빠진 야곱

앞에서 살펴보았듯이, 야곱은 하나님의 집인 벧엘에서 이스라엘 땅을 물려받고 큰 민족을 세우게 되리라는 하나님의 거듭된 약속을 받습니다. 하나님의 큰 격려를 받은 것이지요. 그리고 야곱은 여행을 계속하여 어머니인 리브가의 오빠이자 그의 외삼촌이 되는 라반의 집이 있는 밧단아람으로 향합니다.

"야곱이 길을 떠나 동방 사람의 땅에 이르러"(창세기 29:1).

이 성경 구절에서 저는 두 가지 궁금한 것이 있습니다. 하나는 "야곱이 길을 떠나"라고 나와 있는 부분입니다. 킹 제임스 번역과는 달리 히브리어 성경은 이 부분을 "야곱이 다리를 모아 일어나"라고 말합니다. 위대한 주석가인 라시는 재미있긴 하지만 다소 뜻밖인 이 부분에 주목하여 '다리를 모아 일어난다'는 것은 야곱이 자기 스스로 힘을 내고 다시 걸음을 재촉하여 여행을 계속하게 된다는 뜻을 함축하고 있다고 설명합니다. 별 것 아닌 것 같은 표현이지만 그 전날 밤 야곱이 받은 하나님의 약속, 즉 하나님이 곁에 같이 있으면서 지켜주고, 땅도 주고, 그 자손은 번성하여 큰 민족을 이루며 세계 곳곳으로 진출하고, 그 모든 족속이 그로 인해 축복을 받게 된다는 그 약속을 생각하면 그가 힘을 내고 자신감을 얻었다는 것을 강조하는 표현인 것은 사실입니다.

사실 야곱은 어쩔 수 없이 가족과 헤어지고 자기가 살던 땅을 떠나 홀로 길을 나서야 했습니다. 하지만 그는 하나님의 축복과는 정반대의 외부 상황에 놓여 있던 처지에서 하나님의 약속을 듣고 다시금 마음을 다잡는 내적 확신으로 돌아선 것입니다. 그리고 그 내적 확신은 나중에 외삼촌 라반의 마을에 도착했을 때 드디어 밖으로 드러나게 됩니다.

제가 궁금했던 또 한 부분은 "동방 사람의 땅에 이르러"라는 표현이었습니다. '동방 사람의 땅'이라는 게 무슨 의미일까요? 지도를 살펴보면, 야곱은 조금 동쪽으로 기울기는 했지만 정 북쪽으로 길을 나섰습니다. 밧단아람은 티그리스강과 유프라테스강의 수원지 근처인 시리아 북부 튀르키예 동부에 있는 곳입니다. 따라서 그곳은 벧엘과 이스라엘 땅에서는 정 북쪽에 있지 동쪽에 있는 곳이 아닌 것입니다.

그렇다면 '동방 사람'들이란 누구일까요? 갈대아의 우르에 있는 아브라함의 자손들을 지칭하는 것이 아닌가 싶습니다. 동방에서 아람으로 가는 길에 그곳 갈대아의 우르에 머물렀던 아브라함의 후예들. 그러니까 어떤 의미에서는 야곱이 자신의 뿌리, 자기 조상을 찾야간 것이라는 뜻도 있습니다. 한국에서 추석 때 많은 사람들이 자신의 뿌리를 잊지 않고 조상의 은덕을 기리기 위해 고향을 찾아가듯이, 야곱도 그런 느낌이었을 겁니다. 우리가 또 다른 삶을 꿈꾸며 고향을 떠나 물리적으로는 그곳에서 멀어지지만 마음속에는 진정한 본향으로 늘 자리 잡고 있는 곳이 바로 그 고향이 아니겠습니까?

드디어 라반의 집 근처에 당도한 야곱은 도중에 들에 있는 우물을 보게 됩니다. 전에도 이 비슷한 일이 있었지요? 아브라함의 종인 엘리에셀이 아브라함의 명을 받고 이삭의 아내가 될 만한 여자를 찾아나섰다가 마주쳤던 우물가가 생각나지 않습니까? 혹시 야곱이 봤던 우물이 리브가가 엘리에셀과 그의 낙타에게 물을 주었던 그 우물은 아닐까요? 누가 알겠습니까? 창세기 24장에 엘리에셀이 '성 밖 우물'에 다다랐다는 부분이 나오는데 물론 그 우물이 야곱이 본 우물과 같은 우물인지는 성경에서 분명하게 밝히지 않고 있습니다. 어쨌든 상황이 비슷한 것만은 사실입니다. 게다가 물은 생명을 상징합니다. 건조하고 메마른 지역에서 우물보다 더 강력한 생명의 상징이 무엇이란 말입니까? 그러니 우물가는 사람이 같이 생명을 잉태하고 가족을 이루는 인생의 반려자를 만나는 곳으로는 정말 적절한 장소가 아닐 수 없습니다.

하지만 두 상황의 비슷한 점은 그것으로 끝납니다. 엘리에셀이 우물가에 도착하였을 때는 저녁때였지만, 야곱은 해가 아직 높을 때 우물가에 이르렀습니다. 그곳에선 모든 이들이, 다른 목자들이 양떼를 끌고 다 모이기를 기다리고 있었습니다. 그렇게 다 모여야 우물을 덮

Chapter 28 사랑에 빠진 야곱

고 있는 큰 돌을 옮겨 양들에게 물을 먹일 수가 있기 때문입니다. 이윽고 야곱은 양을 몰고 온 라헬을 보게 되고, 그 아름다운 모습에 가슴이 뛰었던 모양입니다. 그는 자기 혼자 힘으로 우물 아귀의 돌을 옮겨 양들에게 물을 먹이게 합니다.

사실 야곱의 이야기는 엘리에셀이 리브가를 이삭의 아내로 선택하는 이야기와는 속 내용이 사뭇 다른 이야기입니다. 리브가를 아내로 점찍는 현장에 이삭은 없었고, 대신 엘리에셀이 리브가에게 자기와 자기 낙타에게 물을 길어 줄 수 있냐고 하면서 일종의 품성 테스트를 실시했습니다. 그러나 야곱의 경우는 자신이 직접 짝을 고릅니다. 물론 그 지방의 관습과는 달리 큰 딸이 아닌 동생을 골랐지만, 어쨌든 자신이 직접 배필을 고른 것입니다. 또 하나 다른 점은, 앞서의 경우는 리브가가 낙타에게 물을 주지만, 이번 경우엔 야곱이 직접 양들에게 물을 먹입니다. 그리고는 성경에 기록된 장면으로는 정말 충격적(?)인 장면일 수도 있겠는데, "그가 라헬에게 입맞추고"(창세기 29:11) 야곱은 사람들이 두 눈 크게 뜨고 보는 앞에서 라헬에게 키스를 합니다. 오, 어디서 그런 용기가 생겼을까요?

또한 야곱은 자기 아버지인 이삭과 달리 적극적으로 행동에 나서는 사람입니다. 세상에 태어날 때도 자기 형의 발꿈치를 잡고 먼저 나오려고 했으며, 나중에 많은 세월을 라반의 집에서 보내고 난 뒤 형이 있는 곳으로 돌아가는 중에 어떤 사람과 밤새 씨름을 하고는 그의 미래의 이름인 '이스라엘'(Yisrael)이란 이름도 얻습니다. 분투노력하고 싸워 이겨가며 자기 길을 개척해가는 사람, 바로 그가 야곱인 것입니다.

야곱은 돈도 없고 낙타도 없이 오로지 팔과 다리의 힘만으로 외삼촌의 집에 도착합니다. 그렇게 외삼촌 라반을 만난 야곱, 그에게 또 어떤 일이 일어나게 될까요?

흰빛 라반, 그리고 부당한 속임수

앞에서 우리는 야곱이 라헬을 사랑하게 된 이야기, 그리고 마을 우물가에서의 야곱의 경험과 아브라함의 종인 엘리에셀의 경험은 비슷한 것 같지만 실질적으로는 다르다는 이야기를 했습니다. 야곱은 적극적인 사람입니다. 자기 아내를 선택하는 일에 전혀 관여하지 않았던 아버지 이삭과 달리, 그는 자기 손으로 자기 운명을 개척해나간 사람입니다.

또한 라헬을 선택한 것 역시, 그의 직관적인 반응이라 할 수 있습니다. 예외적인 친절함을 보이고 자기 주도적인 강한 성격의 리브가를 이삭의 아내로 선택할 때처럼 품성 검증이 있었던 것도 아닙니다. 야곱이 라헬을 보고 그냥 한눈에 반한 것은 직관에 따른 것으로, 그런 직관적인 선택은 흔히 잘못된 선택으로 이어질 수도 있습니다. 그렇지만, 우리가 곧 알게 되겠지만 라헬을 향한 야곱의 사랑이 잘못된 것은 아니었습니다. 두 사람의 사랑은 평생 동안 계속되었고, 히브리어 성경에서 라헬은 궁극적으로 온화하고 따뜻한 어머니를 상징하는 인물로 간주되고 있습니다. 그래도 사회적인 관점에서 보자면 야곱의 선택은 문제가 있었습니다. 장녀가 먼저 결혼해야 하는 사회에서 언니 레아가 아직 결혼하지 않은 상태에서 동생인 라헬이 먼저 결혼할 수는 없었기 때문입니다. 집안의 분란만 일으킬 수 있는 선택일 수가 있는 겁니다.

다시 성경 말씀으로 돌아가 보겠습니다. 우물가에서 야곱을 만난 라헬은 바로 자기 아버지 라반에게 야곱이 왔음을 알립니다.

> "라반이 그의 생질 야곱의 소식을 듣고 달려와서 그를 영접하여 안고 입맞추며 자기 집으로 인도하여 들이니…"(창세기 29:13).

이 부분을 엘리에셀이 성 밖 우물가에 도착했을 때 라반이 맞이하는 장면과 비교해봅시다.

> "리브가에게 오라버니가 있어 그의 이름은 라반이라 그가 우물로 달려가 그 사람에게 이르러 그의 누이의 코걸이와 그 손의 손목고리를 보고 또 그의 누이 리브가가 그 사람이 자기에게 이같이 말하더라 함을 듣고 그 사람에게로 나아감이라 그 때에 그가 우물가 낙타 곁에 서 있더라 라반이 이르되 여호와께 복을 받은 자여 들어오소서 어찌 밖에 서 있나이까 내가 방과 낙타의 처소를 준비하였나이다"(창세기 24:29-31).

성경은 라반이 본 것, 그의 눈에 들어온 것이 무엇인지 알려줍니다. 엘리에셀을 만났을 때 제일 먼저 라반의 눈에 뛴 것은 아브라함의 종인 엘리에셀이 가져온 귀한 물질과 많은 낙타였습니다. 하지만 야곱은 달랐습니다. 그에게는 낙타도 없었고, 그 어떤 귀한 물건도 없었습니다. 힘 센 두 팔과 몸에 걸친 셔츠 뿐, 그야말로 빈털털이였습니다.

그럼에도 불구하고 성경은 라반이 뛰어가 야곱을 껴안고 입을 맞추었다고 전합니다. 우리는 이 부분과 관련하여 라반이라는 사람을 의심이 가긴 하지만 그래도 그냥 좋게 봐줄 수가 있는 사람이라고 생각할 수가 있습니다. 혹은 자기 조카가 왔다는 말에 너무 기뻐 바로 뛰어나갈 만큼 조카를 사랑하는, 관대한 영혼을 지닌 사람으로 볼 수도 있습니다.

그러나 위대한 주석가인 라시는 라반이란 인물과 관련된 모든 사항을 고려하여 다음과 같이 해석합니다.

- 달려와서 그를 영접하여 – 라반은 아브라함의 종인 엘리에셀도 짐을 잔뜩 실은 낙타를 데리고 왔으니 그 집의 자손인 야곱은 당연히 돈을 많이 가지고 왔으리라 생각했다.
- 안고 – 야곱이 낙타도 없이 빈 몸으로 온 것을 본 라반은 '아마 몸속에 금붙이를 숨기고 있을 거야'라고 혼자 생각했다.
- 입맞추며 – 라반은 어쩌면 야곱이 보석을 가지고 왔을 텐데 입속에 감추고 있을지도 모른다고 생각했다.

아무튼 외삼촌 라반의 영접을 받은 야곱은 라반의 집에서 30일을 지냅니다. 그런데 외삼촌의 집이라고 편히 쉰 것이 아니라 라반의 목자들과 같이 일을 한 것이 분명해 보입니다. 어쩌면 긴 여행 끝에 도착했는데 바로 그 다음 날부터 일을 한 것인지도 모릅니다. 한 달이 지난 뒤 라반이 야곱에게 어찌 공짜로 일을 하겠냐며 품삯을 말하라고 한 것에서 그 사실을 짐작할 수 있습니다. 요즘 말로 하면 한 달이 지났으니 월급을 주겠다는 것이겠지요. 그리고 품삯으로 얼마를 원하느냐고 묻는 것으로 보아 분명 야곱은 다른 목자와는 다른, 특별한 일꾼이었음이 틀림없습니다.

그런데 야곱이 다음과 같은 말을 합니다.

> "…내가 외삼촌의 작은 딸 라헬을 위하여 외삼촌에게 칠 년을 섬기리이다"(창세기 29:18).

야곱이 왜 이런 식으로 말을 했을까요? 왜 그냥, '라헬을 위하여' 혹은 '외삼촌의 딸 라헬을 위하여'라고 하지 않고, "외삼촌의 작은 딸 라헬을 위하여"라고 했을까요? 다시 한 번 라시의 설명을 들어봅시다.

> 왜 '라헬', '외삼촌의 딸' 그리고 '작은 딸'이라는 칭호를 다 썼을까? 그것은 야곱이 외삼촌인 라반이 속임수를 쓰는 사람이라는 것을 알았기 때문이다. 만일 야곱이 '라헬'이라고만 말했으면 라반이 라헬이란 이름을 지닌 다른 여자를 데려왔을 것이다. 그리고 '외삼촌의 딸'이라고만

했으면 자기 딸의 이름을 바꿔 언니인 레아를 데려왔을지도 모른다. 그래서 야곱은 "외삼촌의 작은 딸 라헬"이라고 구체적으로 지칭했던 것이다. 그러나 그럼에도 그는 속임수를 당하고 만다.

이와 관련해서 아주 재미있는 표현이 있습니다. 현대 히브리어의 상당 부분이 성경의 영향을 많이 받았습니다. 그래서 이스라엘에서는 아주 정확하고 구체적인 것을 말하거나 알고 싶을 때 흔히 "당신의 작은 딸 라헬에 맹세코"라는 관용어를 사용하는 것입니다. 가령 이런 식입니다. "어떻게 교통사고가 일어났는지 당신의 작은 딸 라헬에 맹세코 정확하게 얘기해주시오." 혹은 "당신이 사려는 아파트가 어떤 아파트인지 당신의 작은 딸 라헬에 맹세코 자세하게 설명해보세요." 달리 말하면, 아주 정확하게, 상세하게 말하거나 설명해 달라는 것을 강조하는 것입니다. 사실 현대 히브리어는, 비교하자면 셰익스피어의 영어가 현대 영어에 가까운 것 이상으로 성경 시대의 히브리어에 가까운 언어입니다. 따라서 이스라엘 사람들은 현대 히브리어를 사용하며 현대 이스라엘에서 살아가는 가운데 이런 식의 성경 구절을 실생활에서 사용함으로써, 어떤 의미에서는 성경의 의미를 느끼고 성경처럼 살고 있는 것인지도 모릅니다.

야곱은 외삼촌 라반에게 "내 기한이 찼으니 내 아내를 내게 주소서"(창세기 29:21)라고 말합니다. 어떻게 보면, 라반은 그 밑에서 일하는 일꾼들이 품삯을 받을 때가 되면 자기 몫을 달라고 상기시켜야 품삯을 지불하는, 그런 고용주인지도 모릅니다. 그러니까 때가 되면 알아서 삯을 척척 내주는 사람은 아닌 것입니다. 그래서 야곱이 그런 식으로 말한 것입니다.

당시는 전통적인 사회입니다. 야곱은 결혼식 날 신부가 누군지 보지 못합니다. 다음 날 아침에야 비로소 자기 아내가 레아인 것을 알게 됩니다. 야곱이 그리 순진한 사람은 아닙니다. 그런데 어떻게 그런 일이 일어났을까요? 그가 사전에 자기가 점찍은 신부하고 말 한마디 나누지 못한 것일까요? 둘 사이에 무슨 은밀한 신호도 나누지 않은 것일까요?

탈무드의 부림절에 관한 부분인 '메길라'는 다음과 같이 말합니다.

"라헬은 언니인 레아가 아버지 라반의 손에 이끌려 몰래 결혼식장에 들어가는 것을 본다. 그때 라헬은 언니가 혹시 들키면 얼마나 창피하고 비난을 받을까 걱정이 되어 자신이 야곱과 약속한 비밀 신호를 언니에게 알려주었다."

감동적이면서도 충격적인 설명입니다. 라헬이 언니인 레아를 사랑하여 자신의 행복보다는 언니의 명예를 먼저 생각했다는 의미에서 감동적입니다. 그러나 충격적이라고 한 것은 라헬과 레아가 야곱을 속이려고 한 아버지 라반의 속임수에 가담하였기 때문입니다. 말하자면, 두 딸이 아버지의 공모자가 된 것입니다. 이런 측면에서 보면, 안타깝지만 어쩌면 두 딸이 아버지에게서 속임수를 배워 야곱을 밧단아람에 7년 더 묶어두려고 했던 것은 아닌지, 그런 생각도 듭니다. 아무리 선한 사람이라도 환경에 영향을 받으면 어떻게 변할 수 있는지, 그런 착잡한 생각도 듭니다.

어쨌든 라반은 어떻게 거래를 해야 하는지 알고 있는 사람입니다. 그는 야곱에게 언니가 결혼하기 전에 동생이 먼저 결혼하는 게 그 지역 풍습에 맞지 않으니 일단 레아와 7일을 채우고 난 뒤 다시 7년 동안 자기를 섬기겠다고 하면 라헬을 주겠노라고 말합니다.

물론 이런 라반의 말은 굉장히 세련된 속임수라 할 수 있습니다. 다시 말하면, 라반은 야곱을 속일 생각은 없지만 사회의 규약이 그렇기 때문에 야곱이 요청하는 것을 들어줄 수 없다는 이유를 대는 겁니다. 어쩌면 라반은 스스로가 순수한 사람이라고 생각하고 있는지도 모릅니다. 라반이란 이름의 의미가 '흰빛'인데, 유대교에서 흰빛이나 흰색은 정결함과 죄 없음을 상징하는 것이니 그럴 수가 있습니다. 그런데 그가 이름값을 못하고 사람을 속이고 거짓말을 하면서도 순진한 척 고상한 핑계를 대며 정당화시키려는 태도를 보면 참으로 아이러니한 일이 아닐 수 없습니다. 사실 우리 주변의 아주 나쁜 거짓말들이 다 이런저런 핑계와 이유로 그럴듯하게 포장을 하며 자기정당화를 꾀하고 있으니, 예나 지금이나 다를 바가 없는 현실인 것이 실로 안타까울 뿐입니다.

토라가 일부다처제를 지지하나?
– 현대의 유대인 결혼에 관한 법

유대인의 결혼 풍습에서는 예식이 시작되기 전에 신랑이 신부의 베일을 내려 얼굴을 가립니다. 신랑이 자기와 결혼하게 될 신부가 누구인지 확인하는 일이 유대인의 결혼 풍습에 공식적으로 들어있는 절차입니다. 이런 풍습은 필시 성경 속 야곱과 레아와 라헬의 이야기에서 비롯된 것이 틀림없을 겁니다.

야곱이 라헬과 레아와 결혼한 것은 토라의 법에 어긋나는 것이었습니다. 유대교에서 일부다처제를 허용할 때에도 두 자녀를 결혼 상대로 삼는 것은 엄격히 금하고 있기 때문입니다(레위기 18:18). 아마 그 이유는 아내를 여럿 두고 있으면 이런저런 큰 불화가 자주 일어날 수 있는데, 그런 일에 자매가 휘말리게 해서는 안 된다는 취지일 것입니다.

그렇다면 야곱은 어째서 그 엄한 토라의 규칙을 위반한 것일까요? 이 물음은 그에 합당한 적절한 답을 찾기가 쉽지 않은 아주 심각한 물음입니다. 형식적인 차원에서 말하면, 토라는 야곱의 시대보다 적어도 두 세기 뒤에 있었던 출애굽 이후 시내산에서 주어진 것이기에 토라의 법을 야곱에게는 적용시킬 수 없다고 할 수 있습니다. 그러나 하나님이 시내산에서 모세에게 십계명을 주기 전인 족장시대에도 계명은 준수했다는 것이 일반적인 전제입니다. 그리고 우리가 나중에 보게 되겠지만, 라헬과 레아가 자매라고 해서 가족 간의 불화가 일어나지 않는 것은 아닙니다. 다만 둘이 공모해서 남편을 속일 정도로 서로 사랑하는 자매였지만 결혼해서 둘이 한 남자의 아내로 서로 경쟁하는 관계에 놓이게 된다면, 자매라는 사실 때문에 그 괴로움이 더 크게 나타나는 것은 어쩔 수 없을 겁니다.

토라는 여러 명의 아내를 허용합니다. 유대교에서 일부다처제가 금지된 시기가 딱 한 번 있었는데, 서기 1천 년경 랍비 게르숌(Gershom)이 하나님의 뜻에 따라 법령을 발표했던 때가 그때였습니다. 그러나 그 이전인 제2 성전 시대 후반에서 중세 초기에 이르기까지 탈무드의 시대에도 이미 당시의 랍비 학자들은 아내를 오직 하나만 두고 있었습니다.

그러므로 일부일처제가 결혼제도로서 이상적인 제도임이 이미 성경에서도 분명하게 나타난다고 할 수 있습니다.

아담과 하와의 결혼도 마찬가지입니다.

"이러므로 남자가 부모를 떠나 그의 아내와 합하여 둘이 한 몸을 이룰지로다"(창세기 2:24).

노아 역시 아내를 하나만 두었습니다. 아브라함의 경우 아내 사라의 여종인 하갈과 결혼했으나 그것은 아내 사라가 아이를 낳을 수 없기 때문이었고, 또 사라가 자신의 여종인 하갈을 통해 아브라함이 자식을 얻을 수 있기를 소망했기 때문이었습니다.

이삭은 리브가만 아내로 맞이했으며, 야곱의 경우 라헬을 두 번째 아내로 맞이했지만 그것은 레아와 먼저 결혼시키려는 라반의 속임수 때문이었습니다.

모세도 아내를 십보라 하나만 둔 것으로 나타납니다. 그리고 앞서 언급했듯이 탈무드 시대의 랍비들도 거의 예외 없이 아내를 하나만 두었던 것입니다.

따라서 우리는 한 남편과 한 아내의 결합, 즉 일부일처제의 결혼제도가 유대교와 성경의 전통 속에 깊게 뿌리내리고 있는 제도라는 사실을 알 수 있습니다. 제가 잘못 알고 있는 것이 아니라면, 일부일처제는 또한 기독교 초기부터의 규칙이었습니다.

이런 관점에서 보면, 성경에서 아내를 하나 이상 두는 것을 허용한 것을 당시의 사회적 규범과의 타협이나 수용 정도로 이해해야지, 그것을 이상적인 제도라고 착각해서는 안 되는 것입니다. 따라서 우리는, 앞서 성경 속 여러 인물의 예를 통해 보았듯이 성경은 곳곳에서 한 남자와 한 여자와의 결혼, 즉 일부일처제가 진정 바람직한 결혼제도임을 가르쳐주고 있다는 사실을 잊지 말아야 할 것입니다.

레아는 왜 사랑 받지 못했나?

성경은 여호와께서 레아가 사랑 받지 못하고 있는 것을 보셨다고 전합니다. 사실 성경 속 이야기를 통해 볼 때, 레아는 실제로 미움을 받은 것이 아니라 라헬보다 사랑을 덜 받은 것에 불과할 뿐입니다(창세기 29:30). 그러니까 레아가 사랑 받지 못했다는 것은 미움 때문이 아니라 야곱이 레아보다 라헬을 더 사랑했기 때문인 것입니다. 아무튼 여호와 하나님은 그런 레아에게 자녀를 주심으로 보상을 하십니다(창세기 29:31).

이따금 저는 생각해봅니다. 레아에게 무슨 문제가 있기에 야곱이 그녀를 제대로 사랑해주지 않은 것일까? 그녀가 아버지 라반의 속임수에 가담했기 때문일까요? 하지만 우리가 살펴보았듯이, 라헬 역시 그 속임수에 같이 가담한 것일 수도 있습니다. 그리고 어쨌든 그 모든 것은 라반이 주도해서 벌인 짓이 분명합니다. 레아는 수동적인 공모자에 불과하다는 뜻입니다. 그렇기 때문에 그 문제로 레아가 사랑을 못 받았다고 할 수는 없을 것 같습니다.

성경은 이렇게 전합니다.

"레아는 시력이 약하고 라헬은 곱고 아리따우니"(창세기 29:17).

히브리어 성경에 따르면, 레아는 '부드러운 눈'을 지녔다고 되어 있습니다. '부드러운 눈'의 의미 중의 하나가 바로 시력이 안 좋다는 것입니다. 그렇다면 레아의 시력이 약하다는 것이 무슨 문제일까요?

야곱은 눈멂이 어떤 것인지 잘 알고 있습니다. 자기 아버지인 이삭의 눈이 어두운 바람에, 다시 말하면 세상을 바라보는 안목도 없고 현실도 제대로 이해하지 못하는 아버지 때문에 그 자신이 고통을 겪었기 때문입니다. 그래서 야곱은 어쩌면 속으로 '나에겐 시력이 좋은, 앞을 잘 볼 수 있는 아내가 필요하다'라고 생각했을 수도 있습니다. 자기 아버지처럼 현실을 있는 그대로 바라보지 못하는 사람을 아내로 택하고 싶지 않았던 겁니다. 시력이 약하다는 것은 이해력이 떨어지고 현실 감각도 부족하다는 것을 뜻하기 때문입니다.

그러나 우리가 성경에서 보듯이 레아는 결코 이해력이 부족한 여인이 아닙니다. 시력이 안 좋아 앞이 잘 안보이거나 많이 깜빡거릴 수는 있었을 겁니다. 그러나 그녀는 매우 영리한 여자였습니다. 우리는 어떤 사람의 외모만 보고 그 사람을 판단하는 실수를 자주 저지릅니다. 즉, 외모와 내적 자질을 동일시하는 판단의 오류를 범하기가 쉽다는 뜻입니다. 예를 들어, 사울왕은 키가 크지만 다윗은 작았습니다. 그렇지만 재능이나 품성의 단단함에 있어서는 누가 더 월등했습니까? 바로 다윗입니다.

다시 본래의 이야기로 돌아갑시다. 우리는 레아와 라헬에 대해 연민의 감정을 느끼지 않을 수 없습니다. 자기 아버지 속임수의 대상이 되었던 두 자매는 결혼과 관련하여 비밀 신호를 주고받을 만큼 서로 사이가 좋은 친한 자매였지만, 이제 결혼한 이후엔 남편의 사랑을 놓고 서로 경쟁하지 않을 수 없는 불편한 사이가 되고 말았습니다.

레아부터 봅시다. 레아는 아들 르우벤을 낳습니다. 르우벤이란 이름은 '한 아들을 보라'라는 뜻입니다. 그런데 레아는 그 아들을 낳고는 이렇게 의미를 부여합니다.

> "…여호와께서 나의 괴로움을 돌보셨으니 이제는 내 남편이 나를 사랑하리로다 하였더라"(창세기 29:32).

그 다음에 레아는 또 아들을 낳고는 여호와께서 내가 사랑 받지 못함을 들으셨다고 하면서 그 아들에게 시므온이란 이름을 지어줍니다. 그 뒤로도 그녀는 레위, 유다, 잇사갈, 스불론을 더 낳아 총 6명의 아들을 낳은 셈이 됩니다. 그리고 그 아들들의 이름은 모두가 사랑받고 싶은 그녀의 욕망을 나타내는 이름들이었습니다.

마지막으로 레아는 딸 디나를 낳습니다. 일곱 번째이자 마지막 자녀입니다. 재미있는 것은 아들들의 경우와 달리 딸인 디나의 경우는 그 이름의 의미가 나와 있지 않습니다. 하지만 디나가 '평가'라는 의미의 히브리어 어근을 지닌 '단'이라는 낱말과 같은 소리를 지니고 있는 것으로 보아 아마 레아가 '난 이제 정당하게 평가를 받은 셈이야'라고 말하고 있는 것은 아닌가 싶기도 합니다.

한편, 레아가 그렇게 자식을 낳는 사이에 아들을 낳지 못한 라헬은 언니를 질투하게 되고 몹시 원통해 합니다. 그 전의 사라나 리브가와 마찬가지로 라헬 역시 불임이라는 문제에 봉착하면서 아이를 낳고 싶은 욕망에 사로잡히게 됩니다.

그러는 사이에 라헬과 레아의 하녀들도 야곱의 아들들인 바로 단과 납달리, 그리고 갓과 아셀을 낳습니다.

드디어 라헬도 아들을 낳게 됩니다. 요셉이란 아들인데, 그 이름이 '다시 다른 아들을 내게 더해 달라'는 의미라는 것으로 보아 언니를 시기하며 더 많은 아들을 원하는 라헬의 바람이 얼마나 큰 지 알 수 있습니다.

이제 열한 명의 아들과 딸 하나를 두어 큰 가족을 이룬 야곱은 고향으로 돌아갈 때가 되었다고 느낍니다. 가나안 땅으로 돌아갈 때가 되었다고 생각한 것입니다.

그래서 그는 자기 몫의 양을 놓고 라반과 흥정을 하게 됩니다. 얼룩무늬와 점이 있는 양을 자기 양으로 챙기기로 한 야곱은 어떤 양을 그렇게 만들 것인지 알고 있었습니다. 이렇게 말해도 될지 모르겠지만, 야곱도 어떤 면에서는 외삼촌인 라반과 같은 사람이 된 것은 아닐까요?

어쨌든 야곱은 라반에게 얼룩무늬와 점이 있는 양과 염소는 자기 몫으로 하고 나머지는 외삼촌이 다 가지라고 말합니다. 하지만 그는 튼튼한 양들에게 어떻게 하면 점박이 양을 배게 하는지 알고 있었고, 그렇게 해서 튼튼한 많은 양을 챙길 수가 있었습니다. 당연히 라반으로서는 분통 터지는 일이 아닐 수 없었고 그래서 야곱은 이제 떠나야 한다고, 아니 얼른 도망쳐야 한다고 느낀 겁니다.

밧단아람으로 올 때 빈 몸으로 도망쳐 온 야곱이었습니다. 그런데 20년이 지난 지금, 올 때와 마찬가지로 갈 때도 도망가는 것은 변하지 않았지만 가나안으로 돌아가는 야곱에게는 아내들과 아들들과 딸, 그리고 많은 가축이 뒤따르게 됩니다. 참으로 아이러니한 인생입니다.

당연히 라반이 야곱의 뒤를 쫓습니다. 아마 야곱을 잡아 죽이고 모든 가축을 빼앗겠다는 생각이었겠지요. 그런데 하나님이 밤에 꿈에 나타나 그에게 경고합니다. 야곱을 그냥 놔두라고.

야곱과 라반은 서로에게서 배우는 바가 있었습니다. 속임수를 쓴 라반을 통해 야곱은 사람들을 어떻게 상대해야 하는지를 배웠을 테고, 라반은 야곱을 통해 하나님을 두려워해야 한다는 것을 배웠던 것입니다.

Chapter 32

야곱, 에서를 만날 준비를 하다

    라반의 곁을 떠난 야곱은 이스라엘 땅으로 들어서기 위해 요단강을 건넙니다. 그런데 이스라엘 땅에 들어서기 위해서는 에서의 땅인 에돔 들을 통과해야 합니다. 그것은 그가 또 다른 위험에 직면하게 된다는 의미이기도 합니다. 아니 그 위험은 예전의 어떤 위험보다도 더 큰 위험일지도 모릅니다. 동생인 야곱이 자기가 누려야 할 장자의 축복을 빼앗아갔다고 믿고 있는 형인 에서를 상대해야 하기 때문입니다. 비유적으로 말해, 라반이라는 총알을 피했더니 이제는 그 앞에 에서라는 기관총이 기다리고 있는 격이었습니다.

    야곱은 몹시 두려워합니다. 에서가 맹렬하게 공격해서 자기 아내들과 자식들을 해칠까봐 겁이 난 야곱은 동행한 사람들과 가축들을 두 무리로 나눕니다. 한 무리가 공격을 받더라도 나머지 한 무리는 도망을 갈 수 있도록 조치를 취한 것입니다. 우리는 야곱의 두려움을 이해합니다. 라반의 경우, 그는 야곱에게 해를 끼칠지언정 자기 딸과 손주들은 건드리지 않을 사람입니다.

하지만 에서의 경우는 다릅니다. 에서는 모든 사람을 다 해칠 가능성이 있습니다. 성경에서 알 수 있듯이 가인과 아벨의 싸움으로 시작되는 형제간의 싸움은 상대를 죽이는 끔찍한 결과를 낳을 수가 있는 것입니다. 형제간의 싸움이 실제로 끔찍한 결과를 낳았던 사례를 우리는 역사에서도 찾을 수 있습니다. 가령, 미국의 남북전쟁, 스페인 내전 그리고 한국에서의 6·25전쟁 등은 동족 간의 전쟁으로 그 결과가 정말 참혹했던 것입니다.

야곱은 에서에게 사자를 보냅니다.

> "그들에게 명령하여 이르되 너희는 내 주 에서에게 이같이 말하라 주의 종 야곱이 이같이 말하기를 내가 라반과 함께 거류하며 지금까지 머물러 있었사오며 내게 소와 나귀와 양 떼와 노비가 있으므로 사람을 보내어 내 주께 알리고 내 주께 은혜 받기를 원하나이다 하라 하였더니 사자들이 야곱에게 돌아와 이르되 우리가 주인의 형 에서에게 이른즉 그가 사백 명을 거느리고 주인을 만나려고 오더이다 야곱이 심히 두렵고 답답하여 자기와 함께 한 동행자와 양과 소와 낙타를 두 떼로 나누고"(창세기 32:4-7).

여기서 '사자'라는 말은 히브리어로는 '말라크'(malach)라고 하는데, '천사'라는 의미도 포함되어 있습니다. 야곱의 꿈에서 사다리를 오르고 내려왔던 천사들을 '말라킴'(Malachim)이라고 하는데, '말라크'의 복수형입니다. 기억나시겠지만, 이스라엘 땅의 천사들은 사다리를 오르고 이스라엘 땅 밖의 천사들은 사다리를 내려온다고 했습니다.

유대의 성경 주해 방법인 미드라쉬에서는 두 가지 견해가 제시됩니다. 하나는 야곱이 자기와 같이 동행했던 사람 가운데서 사자를 골라 에서에게 파견했다는 견해입니다. 실제 사람을 보냈다는 겁니다. 또 하나는 주로 랍비들이 내세우는 견해인데 실제 천사를 보냈다는 겁니다. 그리고 주석가 라시는 이 견해, 즉 실제 천사를 보냈다는 견해를 인용하고 있습니다.

여기서 저는 의문이 듭니다. 성경에서 야곱이 사람을 보냈다, 혹은 밀사를 파견했다고 표현할 수도 있었을 텐데 왜 굳이 사자와 천사를 동시에 뜻하는 '말라크'라는 단어를 썼는지 궁금합니다. 어쩌면 야곱이 이스라엘 땅을 떠날 때 그곳까지 동행한 천사들이 사다리를 오르던 그 순간과 그가 다시 이스라엘 땅으로 돌아오는 순간을 같은 차원으로 놓고 비교하는 것일 수도 있습니다. 그렇다면 라시가 선호한 견해인 랍비들의 해석에는 어떤 깊은 의미가 담겨 있을까요? 아마 그들은 유대교에서 생각하는 천사의 의미를 생각한 것이 아닌가 싶습니다. 바로 '평화의 천사'라는 의미 말입니다.

야곱이 보낸 사자들이 돌아옵니다. 그런데 그들이 와서 전하는 말이 분명하지 않고 모호합니다.

- "우리가 주인의 형 에서에게 이른즉" – 주인의 형인가요? 아니면 그냥 에서라는 이름의 사람인가요?

- "주인을 만나려고 오더이다" – 주인과 싸우러 오는 건가요? 아니면 반갑다며 영접하러 오는 건가요?
- "그가 사백 명을 거느리고" – 왜 그렇게 많은 사람을 데리고 오는 건가요? 틀림없이 전쟁을 벌이려고 하는 겁니다.

사자들이 돌아와서 애매한 보고를 하지만 분명한 것은 뭔가 불길한 징조가 보인다는 겁니다. 그래서 야곱은 두려워하지만 나름의 방책을 마련하고 나섭니다.

라시는 야곱이 선물, 기도, 전쟁 등 3가지 방법으로 형 에서와의 만남을 준비한다고 말합니다.

- 선물 – 야곱은 에서에게 막대한 선물을 보낸다. 암염소와 숫염소, 암양과 숫양, 낙타 30마리, 암소와 황소, 나귀 등 많은 가축을 떼로 나누어, 각 떼마다 거리를 두어 끌고 가는 무리가 최대한 길게 이어지도록 하여 그 수가 엄청나게 많아 보이게끔 한다. 이것은 에서의 분노를 달래려는 유화책으로, 오늘날 식으로 말하면 일종의 외교적 노력의 일환이라 할 수 있다. 또한 야곱이 에서를 "내 주 에서"라고 부르는 데서도 형에 대한 존중의 예를 엿볼 수 있다.
- 기도 – 야곱은 하나님께 다음과 같은 긴 기도를 드린다. "나는 주께서 주의 종에게 베푸신 모든 은총과 모든 진실하심을 조금도 감당할 수 없사오나 내가 내 지팡이만 가지고 이 요단을 건넜더니 지금은 두 떼나 이루었나이다 내가 주께 간구하오니 내 형의 손에서, 에서의 손에서 나

를 건져내시옵소서 내가 그를 두려워함은 그가 와서 나와 내 처자들을 칠까 겁이 나기 때문이니이다 주께서 말씀하시기를 내가 반드시 네게 은혜를 베풀어 네 씨로 바다의 셀 수 없는 모래와 같이 많게 하리라 하셨나이다"(창세기 32:10-12).

• 전쟁 – "에서가 와서 한 떼를 치면 남은 한 떼는 피하리라 하고"(창세기 32:8).

저는 위의 3가지 준비 외에 실제로는 야곱이 4번째 방법도 준비해 두었다고 생각합니다. 그것은 자신의 주장을 내세우고 도덕적 차원에서 설득하는 것입니다

라시는 야곱이 에서와의 만남에 대해 대처하는 이 장면을 복합적인 여러 의미가 담긴 하위 텍스트로 해석합니다. 예를 들면, 야곱이 종들에게 에서에게 전하라며 이르는 말인 "내가 라반과 함께 거류하며 지금까지 머물러 있었[다]"라는 말이 그런 것입니다.

라시의 설명에 따르면, "내가 라반과 함께 거류하며 지금까지 머물러 있었[다]"는 말의 수치, 즉 숫자적 가치는 613입니다. 613은 계명의 숫자입니다. 다시 말하면, 야곱이 에서에게 보낸 이 메시지의 의미는 이런 것입니다. '나는 라반과 함께 살았으나 타락하지 않았다. 나는 우리 아버지 이삭의 믿음을 지켰다. 나는 의로운 사람으로 살았다.'

그리고 이 메시지에는 자신이 도덕적인 사람이라는 주장이 담겨 있습니다. 즉, 비록 옛날에 자기가 형 에서에게 잘못을 저지르긴 했

지만, 그 일로 자기를 공격하진 말아달라는 겁니다. 왜냐하면 자기는 의로운 사람이라는 것이지요. 설혹 동생인 자기가 형인 에서의 축복을 빼앗아갔지만, 사실 그 축복을 받을만한 자격이 있는 사람은 자기라는 사실을 알아달라는 것입니다. 물론 그래도 에서는 4백 명의 사람들을 거느리고 다가오고 있습니다.

여기서 성경은 우리에게 외교 문제와 관련해서 중요한 교훈을 가르쳐주고 있습니다. 그것은 평화를 구하고, 평화를 위해 기도하고, 평화를 위해 설득하라 – 그러나 전쟁에 대비하라, 바로 이것입니다.

이스라엘 외무부에서는 외무부의 엠블럼에 들어갈 슬로건으로 무엇이 좋은지 찾은 적이 있습니다. 저한테도 문의가 들어왔습니다. 저는 성경의 다음 구절이 좋다고 생각했습니다.

> "야곱이 세일 땅 에돔 들에 있는 형 에서에게로 자기보다 앞서 사자들을 보내며"(창세기 32:3).

안타깝게도 제 의견은 채택되지 않았습니다. 그런데 외교부에서는 아직까지도 원하는 슬로건을 찾지 못한 상태입니다.

성경은 성스러운 메시지를 담고 있는 성서입니다. 그러나 성경은 세계 최고의 문학이기도 합니다. 긴장감을 불러일으키면서 동시에 때가 되면 그 긴장된 감정을 해소시켜주는 문학입니다. 야곱이 불안해 합니다. 우리 모두 어떤 일이 벌어질지 궁금합니다. 에서가 어떤 마음을 품고 있는지 우리는 모릅니다. 때가 되어 성경이 그 결과를 보여줄 때까지 기다려야 합니다. 에서가 과연 야곱의 무리를 공격하게 될지, 아니면 두 형제간에 극적인 화해가 이루어질지 우리 모두 지켜보기로 합시다.

기독교인들의 이스라엘 여행

잠시 성경의 이야기를 떠나 쉬어가는 의미에서 이스라엘 관광에 관해 짧게 몇 말씀 드리겠습니다.

길고 길었던 코로나19 팬데믹이 끝나고 난 뒤, 한국의 인천공항과 이스라엘의 벤구리온 공항을 오가는 대한항공 직항편이 다시 운행을 시작하였습니다. 말하자면, 매주 월요일, 수요일, 금요일, 이렇게 일주일에 세 번 유럽을 경유하지 않고 한국과 이스라엘 양국을 오가는 11시간 직항노선이 다시 열린 것이지요.

이스라엘은 기독교인이 관광하기에는 정말 멋진 곳입니다. 예루살렘은 물론, 감람산(올리브산), 슬픔의 길[Via Dolorosa(비아 돌로로사)], 겟세마네, 골고다, 예수의 무덤 등 예수님의 자취가 묻어있는 곳이 많기 때문입니다.

또한 통곡의 벽 바로 가까이에 있는 다윗성의 새로운 발굴지도 있고, 성전산 근처의 지하 터널도 가볼만한 곳입니다.

이스라엘의 현대적 면모를 보고 싶으신 방문객들에겐 이스라엘

입법부 건물, 대법원 청사 그리고 한국의 국립박물관과 거의 비슷한 수준의 이스라엘 박물관을 둘러보길 권합니다.

팔레스타인 자치정부 관할 구역에 있는 베들레헴은 예루살렘 중심에서 20분 거리밖에 안 됩니다. 그리고 베들레헴 중앙광장에는 예수 탄생 기념 성당도 있습니다.

요르단 강변에는 세례 요한이 세례를 주던 곳이 있으며, 그곳에서 북쪽의 나사렛에는 성모 영보 성당(The Church of Annunciation)도 있으니 참고하시기 바랍니다.

저는 나사렛에서 가버나움 갈릴리까지 예수님 발자취를 따라 약 65킬로미터 정도 이어진 지저스 트레일(Jesus Trail)도 알려드리고 싶습니다. 비영리단체인 이스라엘 자연보호협회에서 관리하는 지저스 트레일은 성모 영보 성당 근처의 나사렛 중심에서 시작하지만 팔복산, 다복산, 아르벨, 타브가 등을 지나가는 트레킹 코스이기도 합니다.

그 지저스 트레일에는 드루즈교의 성지로 이드로(Jethro)가 묻혔다고 알려진 나비 슈아이브(Nabi Shuayb)와 같은 비기독교 성지도 일부 있습니다. 또한 공동체 소유 자산을 보유한 키부츠 라비(Kibbutz Lavi)라고 하는 현대식 정통 농업공동체도 찾아볼 수 있습니다. 특히 키부츠 라비 뒤쪽의 들녘에는 하틴의 뿔(Horns of Hattin)이라 불리는 사화산이 있는데, 그곳은 십자군 전쟁 때 살라딘(Saladin)이 식수 부족으로 고통을 겪던 십자군 병사들을 패퇴시킨 곳으로 잘 알려진 곳입니다.

지저스 트레일을 따라 트레킹을 하는 데는 한 나흘 남짓 걸린다고 보면 됩니다. 당연히 마실 물은 챙겨야 합니다. 가장 중요한 것이 식수입니다.

한국에서 이스라엘로 여행을 가는 경우의 대부분이 성지순례 여행이라고 알고 있습니다. 코로나19가 발발하기 전에는 연간 약 6만 3천여 명의 한국인들이 이스라엘을 찾았다는데, 앞으로 그 수가 점점 더 늘어날 것으로 믿습니다. 왜냐하면 한반도나 이스라엘의 성지 모두에 갈등이 사라지고 평화가 찾아오기를 바라는 사람들이 많기 때문입니다. 한국인들 모두에게 평화와 행복이 넘치기를 바랍니다.

Chapter
34

이스라엘이란 이름의
의미는 무엇일까?

앞에서 이스라엘로 성지순례를 떠날 때 가볼만한 곳이 어딘지 제 나름대로 꼽아 말씀드렸습니다. 다시 성경 이야기로 돌아가겠습니다.

야곱은 하란에 있는 외삼촌 라반의 집을 떠나 가나안 땅으로 가고 있는 중입니다. 그런데 그의 형인 에서가 4백 명의 사람을 거느리고 다가오고 있습니다. 야곱은 선물을 준비하고 기도도하는 한편, 불가피하게 싸움이 벌어질 경우도 대비합니다. 그래서 그는 자기가 거느린 사람들과 가축을 두 무리로 나누어, 한 무리가 싸우더라도 다른 무리는 싸움을 피해 달아날 수 있도록 조치를 취해 놓습니다.

그런데 여기서 창세기에서 가장 유명하면서도 사람들이 제대로 이해하지 못하는 에피소드 중의 하나가 등장합니다. 야곱은 가족 모두를 요단강 지류인 얍복 시내를 건너가게 한 다음, 그는 반대편에 혼자 남습니다. 그리고는 홀로 '어떤 사람'과 동이 틀 때까지 씨름합니다. 그런데 그 사람이 야곱의 허벅지 관절을 쳤지만 야곱은 굴하지 않고 버텨냅니다.

드디어 동이 트기 시작합니다. 그러자 어쩌면 초자연적인 존재이거나 천사일지도 모르는 그 남자가 "날이 새려하니 나로 가게 하라"(창세기 32:26)고 말합니다. 주석가인 라시는 이 부분을, 천사들은 동이 트면 하나님 앞에서 노래를 해야 하기 때문에 야곱과 씨름하던 것을 멈추고 하늘로 올라가야 했다고 설명합니다.

그 사람의 말을 듣고 야곱은 가기 전에 먼저 자기에게 축복을 해야한다고 요구합니다. 그러자 그 신비의 남자가 다음과 같이 말합니다.

> "그가 이르되 네 이름을 다시는 야곱이라 부를 것이 아니요 이스라엘이라 부를 것이니 이는 네가 하나님과 및 사람들과 겨루어 이겼음이니라"(창세기 32:28).

그리고 그 남자가 떠나기 전에 야곱이 "이름이 무엇이냐"고 물었지만, 그는 "왜 자기 이름을 묻느냐"고 하고는 그냥 야곱을 축복하고 떠나갑니다.

왜 천사는 자기 이름을 밝히지 않았을까요? 이 문제와 관련해서 라시는 천사들은 이름이 없고 오로지 사명만이 있다고 하면서 그 사명도 늘 변한다고 설명합니다. 다시 말하면, 천사들의 경우는 그들의 사명이 곧 그들의 이름이고, 그 이름은 늘 유동적이라는 것입니다.

자, 그렇다면 이 놀라운 이야기를 우리는 어떻게 이해해야 할까요? 야곱이 하나님과 겨루었다는 것은 거의 신성모독에 가까운 이야기인데, 과연 그 말은 무슨 의미일까요? 그리고 왜 야곱이 얻은 새 이름이 나중에 이스라엘 국가의 이름이 된 걸까요? 다음과 같은 설명을 생각해볼 수 있습니다.

하나는 '이스라엘'이라는 이름은 하나님과 겨룬다는 의미가 아니라 막강한 힘을 지닌 자와 겨룬다는 의미를 지니고 있다는 설명입니다. 이것은 히브리어의 '엘'(El)이라는 단어가 일반적으로는 하나님을 지칭하기도 하지만 문자 그대로 힘 있는 자를 의미한다고 보면, 충분히 이해가 되는 설명입니다. 결국 야곱은 힘이 센 천사와 씨름을 했다는 것입니다.

그렇다면 우리는 이 설명을 이스라엘 민족 그리고 이스라엘이란 국가와 연관 지어 생각해볼 수 있습니다. 역사를 통해 유대인들은 유례를 찾아볼 수 없는 온갖 별난 형태의 증오에 맞서 왔습니다. 히틀러의 나치즘이 그렇고, 이따금 이스라엘 국가가 서구에서 맞닥뜨리는 적대행위들이 그렇습니다. 정말 납득이 되지 않는 근거 없는 증오입니다. 왜냐하면 유대인과 이스라엘 국가에 대한 그런 증오가 유대민족이 대변하는 이념, 즉 하나의 하나님을 섬기고, 윤리적이고, 도덕적 질서를 지키고, 의로운 일을 행해야 한다는 숭고한 이념에 대한 반대이자 적의의 표출이기 때문입니다. 이스라엘이 내세우는 이념은 그 이념을 증오하는 적대적 이데올로기와 맞서왔고, 지금도 맞서고 있는 중입니다. 그 적대적 이데올로기가 나치즘이었고, 또한 현대의 이스라엘을 향한 이란 정권의 증오도 바로 그런 이데올로기라 할 수 있습니다.

이런 점을 지그문트 프로이트(Sigmund Freud)가 『문명 속의 불만』(Civilization and Its Discontents)이라는 유명한 책에서 언급한 바 있습니다. 프로이트는 그 책에서 유대교와 유대정신 및 유대민족은 인류의 삶 속에 내재된 문명화의 욕구를 대표하고, 반면에 유대민족을 증오하는 자들은 자기 파괴로 향해 가는 죽음의 본능인 타나토스(Thanatos), 즉 도덕적 혼돈으로 나아가려는 파괴 본능을 대표한다고 하였습니다.

이처럼 이스라엘과 유대민족은 역사 속에서 막강한 증오세력 및 적들과 싸우고, 그들을 물리치면서 지금 이 순간까지 견뎌왔던 겁니다. 말하자면 적대세력과 겨루어 이겼기에 오늘날의 이스라엘이 살아남은 것이라 할 수 있는 것입니다.

또 하나의 설명은, 이스라엘이란 이름이 하나님과 함께 나란히(똑바로) 걷는다는 의미에서 '하나님과 함께 의로운'이라는 뜻이라고 설명하는 것입니다. '야사르'(Yashar)라는 단어는 '곧은' 혹은 '올바른'이란 의미를 지니고 있습니다. 천사가 야곱에게 이스라엘이란 이름을 준 것은 야곱이 아버지 이삭에게서 받은 축복이 속임수에 의해 받은 것이 아니라 당연히 받아야 할 것을 받은 것이라고 말하는 것과 같습니다. 다시 말해, 야곱이 하나님과 함께 옳은 길을 가는 사람이기에 하나님이 복을 주신 것이고, 또 그는 그 복을 받을 자격이 있다는 겁니다.

하지만 저는 이스라엘이라는 이름에는 '하나님과 겨룬다'는 의미도 담겨 있다고 봅니다. 궁극의 선이고 정의이며 진리이신 하나님과 우리가 씨름하며 때로는 그 씨름에서 우리가 이기도록 하나님이 허락하신다는 것이 제 생각입니다. 물론 이런 제 생각을 여러분이 이해할 수 있게끔 충분히 설명드릴 수 있는 능력이 제겐 없지만, 그래도 저는 하나님께서는 우리가 당신과 겨루기를 원하고 계시다고 생각하고 싶습니다. 하나님은 수동적인 백성을 원하시지 않습니다. 아브라함이 소돔을 멸하시려는 하나님의 뜻에 거듭 재고해달라는 식으로 간청을 올렸듯이, 하나님은 그런 열정적인 백성을 원하신다고 저는 생각합니다. 우리 자녀의 경우도 마찬가지 아니겠습니까? 열정적이고 에너지 넘치고 멋진 이상도 품고 착하게 행동하면서도, 부모의 말이라고 무조건 따르는 것이 아니라 무엇이 의롭고 옳은지 부모와 당당하게 겨루려는 아이들이 우리가 원하는 아이들이 아닌가요?

궁극적으로는 이스라엘이라는 나라가 바로 하나님이 원하시는 그런 열정적인 백성들이 사는 나라일 겁니다. 이스라엘 백성들은 아브라함처럼 불굴의 정신을 지닌 완고한 백성으로 때로는 옳지 않은 행동도 하지만, 대체로 옳고 의로운 일을 하려는 사람들이기 때문입니다.

그러면 천사가 야곱의 허벅지 관절에 있는 둔부의 힘줄을 쳤다는 것은 무슨 의미일까요? 랍비들은 이것을 유대 역사에 나타나는 파괴와 비극의 시기를 가리키는 것으로 이해합니다. 이를테면, 이스라엘이 받은 축복에는 비극과 고통의 시기도 포함되어 있다는 것입니다. 이것이 바로 모든 믿음의 백성들이 지니고 있는 운명입니다. 초기에 한국에 왔던 선교사들도 마찬가지 아니었겠습니까? 그렇기 때문에 우리는 하나님이 약속하신 최종의 선이 이루어지기 전에 큰 고통이 있을 수도 있다고 생각하는 것입니다.

그런 이유로 유대인들은 좌골신경이 포함된 엉덩이 힘줄 부분을 먹지 않습니다. 이스라엘에서는 암소의 엉덩이에서 그 부분을 제거합니다만, 그 제거 과정이 굉장히 힘이 많이 들어가는 어려운 일이라 소비자들이 코셔(Kosher) 고기, 즉 유대교의 음식에 관한 율법에 따른 정결한 고기를 요구하는 경우에만 실시합니다. 그리고 이스라엘 밖에서 유대 율법에 합당한 도축법에 따른 도축이 이루어지는 경우엔 제거된 그 부분이 포함된 엉덩잇살 부분을 일반 정육점에서 판매하는 게 보통입니다.

어쩌면 다른 나라 사람들은 참으로 이상하다고 생각할 수도 있겠지만, 어쨌든 성경에 그와 같은 코셔 규칙이 들어있는 것입니다.

"그 사람이 야곱의 허벅지 관절에 있는 둔부의 힘줄을 쳤으므로 이스라엘 사람들이 지금까지 허벅지 관절에 있는 둔부의 힘줄을 먹지 아니하더라"(창세기 32:32).

야곱과 에서는 화해했을까?

우리는 앞에서 야곱이 누군지 알 수 없는 어떤 사람, 천사인 것이 분명한 어떤 사람과 씨름을 하듯 겨루는 장면과 이스라엘이라는 이름이 어떻게 생겨났으며 그 의미는 무엇인지, 같이 생각해 보았습니다. 이제 여기서는 지극히 현실적인, 당면한 위험에 처한 야곱의 상황이 어떻게 끝나는지 알아보기로 하겠습니다.

야곱이 눈을 들어 앞을 봅니다. 4백 명의 장정을 거느린 에서의 모습이 보입니다. 무슨 일이 벌어질까요? 이 부분이 창세기에서 긴장이 가장 고조되는 부분 중의 하나입니다. 그런 측면에서 보면, 성경은 과연 책 중의 책이 아닐 수 없습니다. 지고한 도덕적 메시지가 최고의 문학적 수준에서 우리에게 전달되고 있기 때문입니다.

에서는 야곱의 아내들과 자녀들을 보고 있고, 형 에서에게 다가가는 야곱은 일곱 번이나 스스로 걸음을 지체합니다. 그리고 성경은 이렇게 전합니다.

"에서가 달려와서 그를 맞이하여 안고 목을 어긋맞추어 그와 입맞추고 서로 우니라"(창세기 33:4).

이 순간은 두 형제가 서로 소원하고 불만을 품고 미워하던 20년의 세월을 끝내고 화해하는, 믿기 어려운 순간입니다.

성경 속의 이 이야기의 구조에 따르면, 4백 명의 장정들이 야곱의 무리에게 다가간다는 것은 에서가 야곱의 무리를 멸하러 가고 있다는 것을 보여주는 것입니다. 야곱이 선물을 준비했지만 소용이 없었던 것 같습니다. 그런데 에서가 동생의 자녀들을 보고 동생인 야곱, 정말 성실한 목자이자 사내였던 야곱을 보자, 그 순간 자비와 사랑이 증오를 압도했던 겁니다. 그래서 에서는 자기가 받아야 할 축복을 가로챈 야곱에 대한 분노를 밀쳐내고 자기 동생에 대한 사랑을 내보였던 것입니다.

두 형제는 같이 웁니다. 제 생각엔 야곱도 형에 대한 미안한 마음이 있었던 것 같습니다. 죄의식을 갖고 있었던 것일지도 모릅니다. 그 역시 형을 사랑했습니다. 이것이 성경 텍스트에 담긴 의미, 있는 그대로의 명백한 의미입니다.

그러나 토라 텍스트에는 정말 예외적이면서 독특한 것이 있습니다. 토라 두루마리에는 "[에서가] 그와 입맞추고"라는 구절 위에 점이 찍혀 있는 것입니다. 각 글자 위에 하나씩 모두 여섯 개의 점이 있습니다.

이처럼 글자 위에 점이 찍혀 있는 것은 매우 드문 경우인데, 히브리어 성경에는 모세오경에 10번, 그리고 예언서에 4번 등 총 14번 등장합니다.

랍비들의 성경 해석 전통에 따르면, 그 점들이 실제로는 원래부터 토라에 찍혀 있던 것이 아니라 에스라 서기관 시대에 첨가된 것으로, 본래의 의미 외에 또 다른 의미가 있다는 것을 나타내기 위해 찍은 것이라고 합니다. 그러니까 점이 찍혀 있는 단어들은 오늘날 영어로 쓴 글에서 이탤릭체로 나타내거나 밑줄을 그은 단어들처럼, 복합적인 의미를 지니고 있어 그 뜻을 잘 생각해야 하는 단어들인 것입니다.

실제로 에서가 야곱과 입 맞춘다는 구절 위에 있는 점들은 랍비들의 해석 전통에서 두 가지 방식으로 해석되고 있습니다.

하나는 랍비 시므온 벤 엘라자르(Shimon ben Elazar)의 해석 방식입니다. 그는 에서가 온 마음을 다해 야곱과 입을 맞췄다고 해석합니다. 증오심에 불타올랐던 마음이 자비와 사랑으로 바뀌었고, 그래서 입을 맞추면서 진정으로 화해의 순간을 맞이했다는 겁니다.

또 하나는 랍비 얀나이(Yannai)의 해석입니다. 그는 '아무리 그렇다손 치더라도 점은 왜 찍어야 하는가' 하고 의문을 표한 랍비입니다. 그는 에서의 입맞춤은 진정한 것이 아니다 야곱의 목을 물어뜯으려고 했는데, 야곱의 목이 대리석처럼 너무 단단해서 그러지 못했다, 이런 식의 해석을 내놓았습니다. 그러면서 로마제국 시대의 박해와 불신풍조를 목격하고 경험했던 랍비 얀나이는 이 부분이 역사 속에서 유대인들이 겪어야 했던 증오를 상징하는 것이라고 하면서, 그래도 유대인들은 그 박해와 억압을 이겨낸 것이라고 해석했던 것입니다.

이렇게 서로 상반된 두 해석을 생각하면, 우리는 에서라는 인물의 본성과 관련해서도 그런 식의 해석상의 논란이 있었다는 것을 떠올리게 됩니다. 이전에 언급한 바 있듯이, 과연 에서는 어떤 사람일까요? 학교에서 얌전히 앉아 있질 못하는 망나니로 오해하고 있지만 근본적으로는 착하고 바른 아이, 즉 세상이 잘못 이해하고 있는 존재일까요, 아니면 구제불능의 악한 아이와 같은 존재일까요?

저는 위의 두 해석 중에 랍비 시므온의 해석 방식을 택하고 싶습니다. 성경을 그 내용에 표현되어 있는 대로 담백하게 이해하여 두 형제가 화해를 했으며, 그래서 이삭의 두 아들인 그들은 가인과 아벨과 같은 형제는 아니라고 생각하고 싶습니다. 그리고 랍비들의 기본적인 해석 원칙, 즉 성경은 그 명백한 의미를 숨기지 않는다는 원칙도 그런 해석 방식을 뒷받침하고 있다고 믿고 싶습니다. 비록 랍비들의 해석 전통이 텍스트의 추가적인 의미를 밝힌다 해도 그 텍스트가 지닌 명백한 의미가 퇴색되는 것은 아니기 때문입니다. 그리고 성경 텍스트에 "그와 입맞추고 서로 우니라"라고 되어있듯이, 에서와 야곱은 화해를 했던 겁니다.

여기서 토라 두루마리가 실제로 어떻게 작성되었는지 설명해 드릴까 합니다. 토라 두루마리의 글은 코셔 동물의 가죽인 양피지 위에 쓴 것들입니다. 숙련된 서기관들이 깃펜으로 검은 잉크를 찍어 쓴 글들입니다. 토라 내용에서 한 글자만 빠져도 텍스트로 사용할 수 없습니다.

그런데 토라의 글은 히브리어 알파벳에서 모음 없이 오로지 22개의 자음으로만 쓰였습니다. 그럼에도 토라를 읽는 유대인들은 각 단어의 정확한 발음법을 알고 있습니다. 이미 어렸을 때부터 모음의 소리가 적혀 있는 초보용 토라 소책자로 발음법을 익혔기 때문입니다.

현대 히브리어를 쓰는 방식도 마찬가지입니다. 모음은 머릿속으로만 알고 있지 실제 신문이나 책에는 사용하지 않습니다. 물론 초보자용 신문이나 책은 예외입니다. 사실 모음 소리를 덧붙이는 시스템은 10세기가 되어서 등장한 것입니다. 이런 점에서 히브리어는 모음 없이 쓰는 아랍어와 비슷한 언어라고 할 수 있습니다.

겁탈당한 디나를 위한 복수,
정당한 복수일까?

우리는 앞에서 야곱과 에서, 이 두 형제가 수십 년의 갈등의 세월을 뒤로 하고 서로 화해하는 이야기를 나누었습니다. 두 형제는 화해를 한 뒤 각자 갈 길로 떠납니다. 에서는 자기 사람들을 데리고 지금의 요르단인 세일(Seir)로 돌아갑니다. 야곱은 가나안 땅으로 돌아가 세겜의 외곽에 있는 들을 구입합니다. 세겜은 오늘날 사마리아 북부에 있는 나블루스(Nablus)라는 팔레스타인 도시가 되었습니다.

세겜은 텅 비어 있는 땅이 아니었습니다. 그곳엔 이미 다른 종족이 살고 있었는데 그들이 야곱의 일행들에게 그리 호의적이지는 않았던 것 같습니다. 어느 날, 야곱과 레아 사이에서 난 딸인 디나가 "그 땅의 딸들을 보러"(창세기 34:1) 돌아다닙니다. 혹시 친구로 삼을만한 또래가 없는지 찾아볼 겸 밖으로 나선 것이지요. 그런데 하몰의 아들로 그 땅의 권력자, 그 땅의 추장인 세겜에게 끌려가고 맙니다. 세겜이란 도시의 이름을 자기 이름으로 삼았는지 아니면 자기 이름을 따서 그 도시의 이름을 지었는지는 모르겠지만, 아무튼 세겜은 디나를 납치하여 강간하는 천하의 못된 짓을 저지르고 맙니다. 그런 추악한 짓을 저질렀긴 했지만 사실 세겜은 디나를 사랑했고 그녀와 결혼하길 원했습니다.

야곱은 자기 아들들이 들에서 목축하고 있는 동안 딸인 디나가 겁탈을 당했다는 소식을 듣게 됩니다. 그런데 세겜의 아버지인 하몰은 몹시 화가 나있는 야곱의 아들들에게 그 땅에서 잘 살 수 있도록 많은 호의를 베풀고 원하는 대로 해줄 테니 세겜과 디나를 결혼시키자고 제안합니다. 하몰의 제안에 복수심에 불탄 야곱의 아들들은 자기네들은 할례를 받지 않는 사람들과는 살 수 없으니 먼저 세겜의 사람들이 할례를 받아야 한다고, 그러면 제안을 받아들이겠다고 대답합니다. 당연히 그 대답에는 무서운 계략이 숨겨져 있었습니다.

세겜 사람들은 야곱과 그의 아들들이 성공한 사람들이고 가축 또한 튼튼하니 같이 지내면 도움이 된다고 생각하여 야곱 아들들의 요구를 받아들입니다.

앞서 말했듯이, 야곱 아들들의 요구는 속임수였습니다. 3일째 되던 날, 세겜의 모든 남자들이 아직 할례의 고통에서 벗어나지 못했을 때, 야곱의 아들이자 디나의 오빠인 시므온과 레위가 세겜 도시를 공격하여 하몰과 세겜을 비롯한 모든 남자를 죽이고 디나를 집으로 데려옵니다. 그리고 야곱의 여러 아들들이 나서 도시를 약탈합니다.

이 일을 놓고 야곱은 아들인 시므온과 레위에게 그들의 행동으로 인한 화가 자기한테 미치게 될 것이라며 화를 냅니다. 야곱은 자신이 거느린 사람들의 수가 적어 주변의 족속이 복수를 한답시고 공격하면 멸망하지 않을까 두려워서 이제 어떻게 할 것이냐며 아들들을 질책했던 겁니다. 그러한 아버지 야곱의 반응에 아들들은 지체 없이 이렇게 되묻습니다.

"그가 우리 누이를 창녀 같이 대우함이 옳으니이까"(창세기 34:31).

자, 우리 이 이야기를 어떻게 이해해야 할까요? 과연 누가 옳을까요? 야곱입니까, 아니면 그의 아들들입니까? 야곱처럼 세상 물정 파악하여 신중하게 행동하는 사람이 되어야 할까요, 아니면 그의 아들들처럼 무엇보다 자존심을 지키는 사람이 되어야 할까요? 어느 도시의 책임자 한 사람이 잘못을 저질렀다고 그 도시 전체를 쓸어버리는 것이 과연 옳은 일일까요? 아니면, 한 사람의 잘못을 그 사람이 속한 사회 전체에게 책임을 묻는 그런 식의 연좌제는 부당한 처사일까요?

유대민족의 위대한 지성인 가운데 한 사람인 마이모니데스(Maimonides)는 세겜이란 도시는 추장인 세겜이 한 여성을 겁탈했는데도 그 행위에 대한 심판을 내리지 않았기에 죄를 지은 것이나 다름없다고 설명합니다. 즉, 정의를 행사하지 않았고 그런 이유로 불의의 혐의에서 자유롭지 못하다는 것입니다. 물론 이런 식의 설명은 법률적인 답변에 지나지 않지 도덕적인 차원의 답변은 아닙니다.

이 문제에 대해 우리가 분명하게 답변할 수는 없을 것 같습니다. 어쨌든 야곱은 아들들의 행동에 분명한 반대의 입장을 내보였으며, 그 입장을 평생 동안 유지했습니다. 그래서 그는 임종을 앞두고 자기 아들들에게 다음과 같은 유언을 남기는 것입니다.

> "시므온과 레위는 형제요 그들의 칼은 폭력의 도구로다 내 혼아 그들의 모의에 상관하지 말지어다 내 영광아 그들의 집회에 참여하지 말지어다 그들이 그들의 분노대로 사람을 죽이고 그들의 혈기대로 소의 발목 힘줄을 끊었음이로다 그 노여움이 혹독하니 저주를 받을 것이요 분기가 맹렬하니 저주를 받을 것이라 내가 그들을 야곱 중에서 나누며 이스라엘 중에서 흩으리로다"(창세기 49:5-7).

야곱의 입장은 분명합니다. 주변의 종족들이 야곱과 그의 사람들을 공격하는 일이 일어나지는 않았지만, 그래도 야곱은 아들들의 그런 폭력을 인정할 수는 없었습니다. 자기 딸이 능욕을 당했지만 그 복수를 한다고 도시 전체를 말살하는 행위를 받아들이지 못했던 겁니다.

야곱의 판단이 옳다는 것을 우리 모두는 압니다. 복수는 무책임한 것이고 부도덕한 행위입니다. 우리는 나중에 성경에서 시므온과 레위의 광신적 행위가 어떻게 전개되는지, 그리고 그런 행위가 결코 옳은 것이 아니라는 것을 보게 될 것입니다.

그러나 어떤 순간에 우리는 시므온과 레위를 지지하기도 합니다. 저도 열일곱 살 때 이 부분의 성경낭독을 듣고는 시므온과 레위가 옳다고 생각했었습니다. 명예를 지켜야 한다고, 무슨 일이 있더라도 우리의 여동생이나 누나들이 그런 식으로 짓밟히는 것을 두고 볼 수는 없다고 다짐도 했습니다.

　하지만 다행인 것은 우리가 나이가 들어가면서 점점 더 지혜롭게 행동한다는 것입니다. 젊었을 때 간혹 극단적인 행동을 할 수는 있겠지만, 젊었을 때의 일로 끝나야지 나이가 들어가면서도 젊었을 때처럼 행동할 수는 없는 것입니다. 지난날에 과오를 저질렀다고 해도 그 과오를 되풀이하지 않는 성숙함과 나이가 들어가면서 우리 모두는 육체적 성장 뿐 아니라 정신적인 성장도 이루어야 할 것입니다.

요셉과 형형색색의 멋진 코트

마침내 야곱은 가나안 땅으로 돌아와 다시 그 땅에 정착하게 됩니다. 아들인 시므온과 레위가 세겜의 땅에서 주변 종족들의 분노를 불러일으키는 도발적인 행동을 했지만 다행이 그들이 복수하겠다고 뒤쫓지 않아 안전하게 돌아온 것입니다. 야곱은 벧엘에 들어섰습니다. 그곳은 그가 아버지와 어머니의 집에서 도망쳐 나오기 전에 살던 곳이며, 사다리를 오르고 내리는 천사들의 꿈을 꾼 곳이기도 합니다. 많은 모험을 한 끝에 다시 고향으로 돌아온 셈입니다.

야곱은 아버지 이삭을 찾아뵙기 위해 헤브론 근처의 기럇아르바로 갑니다. 그런데 곧 늙은 이삭이 세상을 뜨게 되고, 성경은 "그의 아들 에서와 야곱이 그를 장사하였더라"(창세기 35:29)고 전합니다. 이 부분은, 앞에서 우리가 살펴보았듯이 에서와 야곱이 화해를 했다는 근거가 되는 부분입니다.

야곱과 에서는 같이 있으면 그들의 땅이 기르는 가축에게 먹이를 다 주지 못한다는 사실을 알고 있었고, 그래서 에서는 지금의 요르단

땅인 세일산으로 이주하여 정착하게 됩니다. 덕분에 야곱의 집안은 순조롭게 목축을 하며 잘 살게 되었습니다.

하지만 야곱의 삶에도 상실의 아픔은 있었습니다. 아내인 라헬이 베들레헴인 에브랏으로 가는 도중에 해산을 하다 죽음을 맞이했던 겁니다. 그렇게 라헬이 죽음을 무릅쓰고 낳은 자식이 베냐민입니다. 라헬은 그 아들을 '슬픔의 아들'이란 뜻으로 베노니라고 불렀지만 야곱은 '오른손의 아들'이란 뜻으로 베냐민으로 불렀던 겁니다.

라헬은 베들레헴으로 가는 길목에 묻혔고, 그녀의 묘에 비를 세우고 그곳을 '라헬의 묘비'라고 부르게 됩니다. 수세기가 지난 오늘날까지도 그곳은 유대민족에게는 특별한 기도의 장소입니다. 라헬은 세계 곳곳에 흩어져 있는 유대인들에게는 고통을 상징하는 존재이며, 따라서 유대인들은 라헬의 이름을 부르며 유대민족에게 하나님의 가호가 있기를 기도하는 것이 보통입니다.

라헬을 각별하게 사랑했던 야곱은 라헬이 죽자 그 사랑을 라헬과의 사이에서 낳은 두 아들에게 그대로 옮겨 베풀어줍니다. 그런데 야곱에게는 그 두 아들만 있는 게 아니었습니다. 똑같이 아버지의 사랑을 받고 싶은 아들들이 총 열두 명이었으니 형제들 간에 불화가 생길 것은 불 보듯 뻔한 일이었습니다. 하지만 우리가 보게 되겠지만 야곱의 그 두 아들에 대한 유별난 사랑은 본인도 억제할 수 없는 일이었던 게 아닌가 싶습니다. 아니면 자식 키우는 문제에 관한 한 야곱은 눈 먼 사람이나 다름없었던 것 같습니다. 성경은 이렇게 기록하고 있습니다.

"요셉은 노년에 얻은 아들이므로 이스라엘이 여러 아들들보다 그를 더 사랑하므로 그를 위하여 채색옷을 지었더니 그의 형들이 아버지가 형들보다 그를 더 사랑함을 보고 그를 미워하여 그에게 편안하게 말할 수 없었더라"(창세기 37:3-4).

사실 부모가 자식 가운데 누구 하나를 편애할 수는 있습니다. 그리고 그 사랑에서 소외된 다른 자식들은 의심의 눈초리로 부모를 바라볼 수도 있습니다. 하지만 부모의 편애를 증명해주는 것이 눈에 띄게 되면 사정은 달라질 수 있습니다. 야곱이 요셉에게 준 형형색색의 눈부신 귀한 코트가 바로 그 편애의 증거였습니다. 아마 요셉은 시도 때도 없이 그 코트를 입고 다녔을 겁니다. 그러니 다른 형제들이 눈꼴사나워 어떻게 그냥 보고만 있겠습니까?*

그럼 우리는 부모가 자식을 키우면서 내보이는 잘못, 즉 편애와 같은 문제를 어떻게 이해해야 할까요? 따지고 보면, 야곱의 아버지 이삭은 야곱이 심히 불공평하다고 느낄 정도로 큰아들 에서를 총애했다고 할 수 있습니다. 그런데 어머니인 리브가가 야곱을 더 사랑하고 나서면서 집안싸움이 벌어진 셈이고, 그 결과 야곱은 집을 멀리 떠나 정직하지 못한 외삼촌 라반과 살아야 하는 일종의 유배된 삶을 살아

---

* 성경의 이 이야기를 담은 뮤지컬 작품이 있습니다. 『요셉과 놀랍고 화려한 드림코트』(Joseph and the Amazing Technicolor Dreamcoat)라는 작품으로 1982년에 런던의 웨스트엔드에서, 그리고 미국 브로드웨이에서 공연되었습니다. 이 뮤지컬은 영화로 만들어졌는데, 요셉 역을 맡은 배우가 도니 오즈먼드였습니다.

야했던 것입니다. 그런데 왜 야곱은 자라면서 부모의 그런 편애로 평생 고통을 겪었으면서도 자신이 부모가 되어서 그런 어처구니없는 잘못을 저지른 것일까요?

또 하나, 야곱은 요셉의 꿈 이야기를 듣게 됩니다. 요셉은 꿈에 밭에 세워둔 형들의 곡식 단이 자기 곡식 단에게 절을 했다고 말합니다. 그리고 그보다 더 말도 안 되는 또 다른 꿈 이야기를 합니다. 해와 달과 열한 개의 별이 자기한테 절을 했다는 것입니다. 아무리 아버지 야곱이 요셉을 사랑한다지만, 그런 엉터리 같은 꿈 이야기를 듣고도 가만히 있을 수는 없었던지 아들 요셉을 꾸짖고 야단치기는 합니다.

하지만 야곱은 "그 말을 간직해" 두었습니다(창세기 37:11). 다시 말해, 그는 요셉의 꿈을 믿었던 겁니다. 어쨌든 야곱은 이미 요셉에게 그 화려한 드림코트를 주어 다른 아들들보다는 요셉을 더 사랑한다는 뜻을 내비쳤던 터라, 그 허무맹랑한 꿈 이야기도 겉으로는 야단쳤지만 속으로는 두둔하며 믿었을 가능성이 높은 것입니다.

그렇다면 부모의 자식 편애에 대해 야곱은 어떤 생각을 가졌을지 한번 살펴보기로 합시다. 사실 야곱은 자식 중 누구를 더 좋아하는 부모의 태도가 어떤 것인지 잘 알고 있었습니다. 아브라함의 장막에서 형인 이스마엘보다는 동생인 이삭이 아버지 아브라함의 사랑을 더 받았다는 것을 알고 있었습니다. 그래서 그는 아버지 이삭이 할아버지인 아브라함이 둘째 아들인 자기를 편애한 것으로 인한 형에 대한 죄의식을 극복하기 위해, 사회적 관례에 따라 어떻게 해서든 장자인 에서에게 축복을 내리려했다는 것을 알고 있었을 겁니다.

그런 야곱에게 요셉이라는 재능 있는 아들이 생겼습니다. 야곱 자신도 따지고 보면 장자는 아니지만 재능 있는 아들이었습니다. 하지만 자라면서 자신의 재능이 무시당했던 것을 바로 잡기 위해, 할아버지인 아브라함처럼 재능을 더 선호하여 요셉을 편애했던 게 아닌가 싶습니다. 그러나 야곱 역시 어렸을 적의 열등감을 극복하기 위해 자기 문제에 관한 한 도를 넘어서서 지나치게 행동한 것이라 할 수 있습니다. 자기 아버지 이삭이 편애의 결과가 자식들에게 어떤 결과를 초래할지 몰랐던 것처럼, 야곱 역시 마음의 눈이 멀어 향후의 일을 예상할 수 없었던 것인지도 모릅니다.

　아니, 어쩌면 야곱은 자신의 잘못을 알고 있었을 수도 있습니다. 그런데 어쩔 수 없었을 겁니다. 아내 라헬에 대한 사랑이 깊은데 그 사랑을 표현할 대상인 라헬이 세상에 없으니 어떻게 하겠습니까? 그 사랑이 라헬의 아들들에게 그대로 내려간 것입니다. 사랑은 우리를 눈멀게 할 수 있습니다. 그래서 우리는 때로 사랑 때문에 잘못을 저지르기도 합니다. 도를 넘어선 맹목적인 사랑이 어느 한 순간 증오로 돌변할 수 있음을 우리 모두 기억해야 할 것입니다.

요셉
-"내가 내 형들을 찾으오니"

야곱이 요셉에게 한 가지 일을 맡깁니다. 형들이 세겜 근처에서 목축을 하고 있는데 가서 잘 하고 있는지 보고 오라는 것입니다. 사실이 일은 위험천만한 일이었습니다. 요셉의 형들이 동생 요셉을 몹시시기하고 있던 때였기 때문입니다. 야곱은 요셉과 형들의 관계가 어떠한지, 그러니까 형들이 요셉을 얼마나 미워하고 있는지 그 사정을 전혀 모르고 있는 것이 아닌가 싶습니다. 요셉이 정말 특별한 아들이었기 때문에 당연히 그렇게 대우를 해주는 것이라고 생각했으니, 아들들에 대한 자신의 행동이 공평치 못한 행동이라는 것을 깨닫지 못했던 것입니다. 반면에 요셉의 어머니인 라헬에 비해 남편의 사랑을 많이 받지 못한 다른 어머니들에게서 태어난 형들은 그런 아버지의 행동을 몹시 못마땅하게 생각하고 있었고, 따라서 요셉을 더더욱 미워하던 참이었습니다.

야곱이 세겜 근처에서 자신의 두 아들인 시므온과 레위가 저질렀던 잔혹한 짓을 잊어버린 것일까요? 어떻게 그가 아무렇지도 않게 그런 일을 맡긴 것인지! 잘 이해가 되지 않습니다. 그러나 요셉은 자기 앞에 닥칠 위험을 감지한 듯 보입니다. 그래도 그는 "내가 그리하겠나이다"(창세기 37:13), 이렇게 대답합니다. 아브라함이 아들 이삭을 제물로 바치라는 하나님의 명을 받았을 때의 대답을 연상시키는 대목입니다.

헤브론을 떠나 세겜으로 가던 요셉은 어떤 사람을 만나게 됩니다. 야곱이 얍복 시냇가에서 만났던 어떤 신비스러운 사람과 비슷한 사람입니다.

> "어떤 사람이 그를 만난즉 그가 들에서 방황하는지라 그 사람이 그에게 물어 이르되 네가 무엇을 찾느냐 그가 이르되 내가 내 형들을 찾으오니 청하건대 그들이 양치는 곳을 내게 가르쳐 주소서"(창세기 37:15-16).

여기서 "내가 내 형들을 찾으오니"란 구절은 많은 울림을 주는 구절입니다. 우리가 우리 형제들을 찾을 때가 많이 있습니다. 하지만 우리는 그 형제들에게 어떤 말을 해야 할지 모릅니다. 형제애를 원하면서도 어떻게 그 형제애를 쌓아야 하는지를 모릅니다. 우리는 우리와 같은 사람들이 어디에서 목축을 하고 있는지 모르고, 그들에게 중요한 것이 무엇인지 알지 못하고, 그들에게 의미 있는 것이 무엇인지 이해하지 못합니다. 공감능력도 부족하고, 이해심도 없으며, 상호 연결망을 형성하는데 긴요한 통찰력도 턱없이 부족합니다.

요셉은 어떤 사람이 알려준 대로 도단 계곡에 있다는 형들을 찾아갑니다. 요셉이 어떤 동생인지 전혀 이해하지 못하는 형들, 동생의 뛰어난 면을 보지 못하는 형들은 요셉을 보고 그저 "꿈 꾸는 자가 오는도다"(창세기 37:19)라고 합니다. 자신들을 전혀 존중하지 않는 못 말리는 허풍쟁이에 지나지 않는다는 뜻이지요. 그러면서 형들은 요셉을 죽이자고 합니다.

그때 형제들 가운데 제일 맏이이자 책임감이 있는 르우벤이 나서서 죽이는 대신에 광야의 구덩이에 던져버리자고 제안합니다. 사실은 나중에 요셉을 구덩이에서 꺼내 집으로 돌려보내려는 생각이었지요.

형들은 요셉이 입고 있던 코트, 즉 눈엣가시 같았던 특혜의 상징인 그 코트를 벗겨버리고 요셉을 구덩이에 처박아 버립니다. 그런데 성경은 우리에게 전해줍니다.

"그 구덩이는 빈 것이라 그 속에 물이 없었더라"(창세기 37:24).

라시는 묻습니다. 만일 구덩이에 물이 없다면 그 구덩이가 완전히 비었다는 것인가? 랍비들은 대답합니다. 물은 없고 뱀과 전갈만 득실거린다고.

사실 어느 공간이든 진정으로 비어 있는 공간은 없습니다. 어느 공간이든 그곳엔 늘 무언가가 있기 마련입니다. 좋은 것이 없다면 나쁜 것이 있을 가능성이 높은 겁니다.

랍비들은 또 하나의 해석을 제시합니다. 물이 없다는 것은 토라가

서로 이르되 꿈 꾸는 자가 오는도다 (창세기 37:19).

Chapter 38 요셉 - "내가 내 형들을 찾으오니"

없다는 것, 즉 영성이 없다는 것을 의미한다는 것입니다.

구덩이에 던져진 요셉. 그런데 낙타에 물건을 잔뜩 싣고 애굽으로 가고 있는 한 무리의 상인들을 본 형들은 요셉을 죽인들 아무 이득도 없으니 차라리 팔아버리자고 합니다. 그래서 그들은 동생 요셉을 은 이십 세겔을 받고 상인들에게 팔아버립니다. 그렇게 해서 요셉은 상인들과 함께 애굽으로 향합니다.

그런데 애굽이 어떤 곳입니까? 그곳은 뱀과 전갈처럼 행동하는 사람들이 있는 곳입니다. 부정과 속임수와 배신과 거짓 약속의 땅이며, 빛과 토라가 부재한 곳입니다. 그곳은 비록 금과 은과 곡식이 풍부한 곳이긴 하지만 어둠이 지배하는 곳이며, 텅 비어 있는 황량한 구덩이와 같은 곳입니다. 요셉이 가는 곳이 바로 그런 곳입니다. 그곳에서 그는 형들이 그를 던져 넣었던 구덩이보다 더 깊은 구덩이 속에 갇히게 될 것입니다. 칠흑 같은 어둠이 깔린 구덩이 속의 구덩이, 애굽은 그에게 그런 곳이었습니다.

보디발의 집에서 지내는 요셉
– 능력 있는 자, 그 어떤 난관도 이겨내리라

애굽으로 향하는 상인들에게 팔린 요셉은 내다 팔 물건과 같은 신세가 되어 애굽에 들어섭니다. 그런 요셉을 바로 왕의 친위대장인 보디발이 사들여 종으로 삼게 됩니다.

그런데 보디발은 모든 일을 능수능란하게 처리하는 요셉을 보고 정말 재능 있는 종이라는 생각을 하게 됩니다. 더욱이 요셉으로 인해 집이 번창하자 보디발은 여호와께서 요셉을 형통하게 하신 거라고 판단을 하고는 "자기가 먹는 음식 외에는"(창세기 39:6) 모든 것을 다 요셉에게 맡겨 버립니다.

요셉의 이런 상황을 보면 생각나는 게 없습니까? 그렇습니다, 라반의 집에서 지내던 야곱의 경우가 떠오릅니다. 두 경우 모두 낯선 곳에 갓 온 사람들이 성공을 거둔 경우입니다. 신출내기의 역설이라고 할까요? 야곱이나 요셉은 낯선 땅에 온 이방인입니다. 그들이 그동안 살아왔던 옛 땅에 존재했던 한계나 장벽이 새로 들어선 땅에는 존재하지 않는다는 것을 알게 됩니다. 애굽에 온 요셉은, 말하자면 미국 땅에 온 이민자와 같은 존재인 것입니다. 모국이나 고향에서는 불가능했던 것들이 가능했던 겁니다. 가족 내의 정치와 형들의 질투와 시기, 그리고 규모가 작고 한계가 많은 가나안의 경제상황으로는 불가능했던 일들이 애굽에 들어서자 돌연 가능하고 유망한 일로 바뀌게 된 것입니다.

어쩌면 이런 것이 애굽의 위대함일지도 모릅니다. 이민자들을 자석으로 끌어들이듯 받아들이는 모든 나라들이 그렇듯, 애굽 사람들은 요셉의 재능을 인정하게 됩니다. 요셉이 이방인이라는 사실을 뛰어 넘어 그의 재능과 능력을 본 것입니다.

물론 그런 이상적인 상황이 계속 지속되지는 않습니다. 아무리 재능이 출중하다 해도 요셉은 이방인이며, 따라서 애굽의 정의에 의지할 수 없었기 때문입니다. 보디발의 아내가 계속해서 요셉을 유혹하고 희롱하는 일이 벌어진 것입니다. 오늘날 우리가 성희롱이라고 부르는 못된 짓거리를 보디발의 아내가 요셉에게 저질렀지만, 그럼에도 요셉은 그 희롱과 유혹에 넘어가지 않습니다. 그러자 보디발의 아내는 괜한 트집을 잡아 요셉이 자기를 겁탈하려 했다고 남편인 보디발에게 일러바칩니다.

그 말을 들은 보디발이 몹시 화를 내며 요셉을 옥에 가두게 됩니다. 그런데 한 가지 의문이 들지 않습니까? 집의 종이 안주인을 겁탈하려 했는데 사형에 처하지 않고 옥에 가두다니, 너무 가벼운 벌이 아닌가요? 어쩌면 보디발이 화를 냈던 것은 요셉 때문이 아니라 그 일로 인한 난처한 상황 때문에 그런 것인지도 모릅니다. 그는 요셉이 죄가 없다는 것을 알고 있었지만, 어쩌겠습니까? 상황이 그렇긴 해도 종이 죄가 있든 없든 일단은 옥에 가둔 것은 아닐까요? 나중에 자신의 아내를 위증과 무고죄로 벌하게 될지도 모릅니다.

어찌되었든 능력이 있는 사람은 어떤 난관에 봉착하더라도 잘 이겨내는 법입니다. 누구도 요셉을 굴복시킬 수는 없습니다. 그는 옥에서도 아주 잘 지내게 됩니다. 요셉을 좋아하게 된 간수장이 옥 전체를, 다시 말해 옥중 죄수와 제반 사무를 요셉의 손에 맡겨버린 겁니다. 아주 탁월한 능력의 소유자인 요셉은 죄수이면서 마치 간수장과 같은 존재가 된 것입니다.

꿈의 해석

요셉은 왕의 죄수를 가두는 감옥에 갇힙니다. 그러나 요셉은 감옥에서도 출중한 존재감을 내보입니다. 간수장이 감옥에 관한 많은 것을 요셉의 손에 맡길 정도였습니다. 그러나 요셉은 자신의 위치를 이용하여 다른 죄수들에게 무엇을 강요하거나 피해를 주지는 않았습니다. 애굽왕의 술 맡은 관원장과 떡 굽는 관원장의 에피소드에서 알 수 있듯이, 오히려 요셉은 자신이 처한 역경에도 불구하고 다른 죄수들에게 마음을 터놓고 대화하는 인간적인 면모까지 내보이는 사람이었습니다. 아마 자기 형들과의 잘못된 관계 때문에 빚어진 비참한 상황을 통해 인간관계의 중요성을 배웠던 게 아닌가 싶습니다.

사실 왕의 죄수를 가두는 감옥에는 한때 영향력을 행사하던 위치에 있다가 한순간에 죄수가 되어 갇혀 있는 사람들이 있습니다. 그런데 그 사람들이 다시 복권되어 원래의 자리로 돌아가는 경우도 있습니다. 어느 날 몰락의 길을 걷다가, 다시 어느 날 원래 자리로 돌아오는 식의 말도 안 되는 그런 인사 조치는 바로가 지배하던 애굽과 같은 전체주의 국가에서나 가능한 일입니다. 민주주의 체제에서는 죄를 지어 감옥에 투옥됐던 사람이 원래의 권력을 되찾는 경우는 거의 없습니다. 물론 수감 생활을 하며 교화 과정을 거친 후 감옥에서 나오게 된 뒤에는, 사회에 도움이 되는 건전한 삶을 살며 사회에 진 빚을 갚는 존재가 될 수는 있습니다. 그러나 원래의 권력이나 지위를 되찾는 경우는 거의 없다고 봐야 합니다. 그러나 전체주의 체제에서는 그런 일이 가능한데, 그 이유는 대체로 최고 권력자가 법적 절차를 무시한 채 제멋대로 부당하게 형벌을 가하기 때문입니다.

요셉은 지혜로운 사람이었습니다. 이것은 그가 다른 죄수의 꿈을 해석하는 과정에서 잘 드러납니다. 어느 날 아침 왕의 죄수인 술 맡은 자와 떡 굽는 자의 감옥에 들어간 요셉은 그들의 얼굴이 몹시 일그러져 있는 것을 봅니다. 그 순간 요셉은 단도직입적으로, 그러나 동정어린 목소리로 묻습니다. "어찌하여 오늘 당신들의 얼굴에 근심의 빛이 있나이까"(창세기 40:7). '얼굴이 왜 그렇게 몹시 일그러져 있습니까?' 이렇게 물은 것이지요.

먼저 술 맡은 관원장이 자기가 꾼 꿈 이야기를 합니다. 자기 앞에 가지가 세 개인 포도나무 한 그루가 있어 그 나무의 포도를 따 바로의 잔에 짜서 드렸다는 것입니다(창세기 40:10-11). 요셉은 수수께끼 같은 꿈을 해석합니다. 가지가 세 개인 것은 사흘을 말하는 것으로 3일 후면 바로가 그를 원래의 자리로 다시 돌아가도록 할 것이라고 말한 겁니다. 요셉이 이미 자신의 해석은 하나님께서 나온 것이라고 일러둔 터였고, 더욱이 술 맡은 자의 꿈을 좋게 해석하는 소리를 들은 떡 굽는 관원장도 자신의 운수도 한번 알아보자고 생각합니다.

그래서 떡 굽는 자도 자신의 꿈 이야기를 합니다. 떡 세 광주리를 머리에 이고 있는데, 바로가 먹을 온갖 떡과 음식이 담긴 맨 위의 광주리를 새들이 쪼아먹었다는 것입니다(창세기 40:16-17). 그런데 요셉의 해석이 그 떡 굽는 자에게는 극히 나쁜 소식이었습니다. 세 광주리 역시 사흘을 뜻하는데, 3일 후에 바로가 그를 처형하게 되고 새들이 그의 몸을 쪼아 먹는다는 것입니다.

자, 그렇다면 이런 식의 해석을 어떻게 생각해야 할까요? 두 죄수의 꿈은 앞날에 대한 예시이고 요셉은 그 예시를 풀이한 것일까요? 아니면 두 죄수 자신이 이미 알고 있는 바를 요셉이 그냥 아주 분명하게 밝혀준 것일까요?

여기서 세 광주리의 그 수를 3일로 풀이한 것은 그리 어렵지 않은 것이었습니다. 왜냐하면 3일 후면 바로의 생일인데, 그 날이 죄를 사면하거나 심판을 내리기에 좋은 날이라는 것은 애굽 사람들 모두가 잘 알고 있었기 때문입니다.

그렇다면 그 두 죄수는 무슨 죄로 감옥에 갇힌 것일까요? 유대인 주석가 라시의 설명을 들어보면, 술 맡은 자의 경우는 바로에게 바친 잔에 파리가 한 마리 빠져 있어서 왕의 노여움을 산 것이고, 떡 굽는 자는 왕에게 바친 떡에 돌이 들어 있어 옥에 갇히게 되었다는 겁니다. 라시의 설명대로라면 요셉의 해석은 제대로 된 해석인 것이 분명합니다. 파리야 언제든지 컵에 날아와 앉을 수 있는 것이니 술 맡은 자의 과실이 크다 할 수 없지만, 떡에 돌이 들었다는 것은 위생을 철저하게 지키지 못한 책임이 크다고 볼 수 있기 때문입니다. 이런 측면에서 저는 두 죄수 스스로가 실제로는 죄가 있는지 없는지 알고 있었던 게 아닌가 싶습니다.

술 맡은 자와 떡 굽는 자는 모두 자신이 어떤 행동을 했는지, 그리고 그에 따른 결과가 어떻게 될지 잘 알고 있으면서도 그것을 심리적으로 억압하고 있었습니다. 그런데 그 억압된 것이 꿈으로 나타난 것입니다. 이를테면, 술 맡은 자는 자기한테 큰 잘못이 없다는 것을 알고 있었기에 원래의 자리로 돌아가고 싶은 욕망이 강했던 겁니다. 그런데 그 욕망을 겉으로 드러내지 못하고 억눌러 왔는데, 그것이 꿈으로 나타난 것입니다. 떡 굽는 자는 자신에게 죄가 있다는 것을 내심 인정하면서 결국엔 처형되리라는 것을 알고 있었습니다. 그런 불안 심리가 새가 떡 광주리를 쪼아먹는 이상한 꿈으로 나타났던 것이고, 그는 결국 원래 자리로 돌아가지 못하고 맙니다.[*]

이런 차원에서 보면, 그 두 사람의 꿈을 해석한 요셉은 사실상 두 가지 작업을 수행했다고 할 수 있습니다. 즉, 그들의 죄를 분석하는 일과 그들의 심층심리를 이해하는 일, 이 두 가지를 행한 것입니다.

창세기에서 우리는 여러 종류의 꿈을 접합니다. 어떤 꿈들은 분명히 예언적인 속성이 있는 꿈들입니다. 가령, 아브라함이 꿈에서 별처럼 무수히 많은 자손을 두게 된다는 약속을 받은 것이 그런 꿈입니

[*] 미국 시인인 에드거 앨런 포(Edgar Alan Poe)의 「까마귀」(The Raven)라는 시와 알프레드 히치콕 감독의 유명한 영화인 『새』(The Birds)를 떠올려보면, 이 시와 영화가 어쩌면 떡 굽는 자의 꿈에서 영감을 받은 작품들이 아닌가 싶습니다.

다. 또 어떤 꿈은 예언적인 측면이 있으면서 심리적인 속성도 지니고 있습니다. 천사들이 오르내리는 사다리 꿈을 꾼 야곱의 꿈이 이에 해당된다고 할 수 있습니다. 그럼 다음 장에서는 한 왕이 꾼 꿈에 관한 이야기와 랍비들은 꿈을 어떤 식으로 바라보았는지, 함께 살펴보기로 합시다.

꿈을 절대 허비하지 말자

　요셉이 꿈을 해석해 준 대로 술 맡은 관원장은 복직이 되어 왕에게 술잔을 드리게 되었고, 떡 굽는 관원장은 처형을 당합니다. 술 맡은 관원장은 원래 자리로 돌아오자 언제 그랬냐는 듯이 요셉을 잊어버리고 맙니다. 결국 요셉은 2년을 더 감옥에서 지내게 됩니다. 그러나 그에게 드디어 기회가 찾아옵니다.

　애굽의 왕 바로가 꿈을 꿉니다. 그가 나일강 가에 서 있는데 멋지게 생긴 살찐 암소 일곱 마리가 갈대밭에서 풀을 뜯고 있는 광경이 눈에 들어옵니다. 그런데 곧 이어 몸집이 야위고 흉하게 생긴 또 다른 암소 일곱 마리가 나타나더니 먼저의 그 건강하게 살찐 암소들을 다 먹어치우는 겁니다. 바로는 얄궂은 꿈 때문에 잠에서 깨어납니다.

　그러나 곧 다시 잠이 들은 그는 또 꿈을 꾸게 됩니다. 이번에는 한 줄기에서 속이 꽉 찬 튼실한 이삭 일곱 개가 자라는 모습이 보이는가 싶더니 그 옆에서 불어오는 바람에 말라버린 가는 이삭 일곱 개가 자라더니 그 튼실한 일곱 개의 이삭을 삼켜버리는 것이었습니다.

아침에 잠에서 깨어난 바로는 이상한 꿈 때문에 마음이 뒤숭숭한 나머지 꿈 내용을 애굽의 점술가들에게 알려주고 무슨 의미냐고 묻습니다. 그러나 어느 누구도 바로에게 꿈을 해석해줄 수가 없었습니다.

여기서 우리가 주목해서 볼 것이 있습니다. 하나는, 바로가 꾼 꿈이 분명 나쁜 꿈인데 그 꿈을 바로가 기억하고 있다는 겁니다. 대체로 우리는 나쁜 꿈을 꾸다 잠에서 깨면 얼마 있다가 잊어버리는 게 보통입니다. 그런데 바로는 그렇지 않았습니다. 또 하나는, 왜 점술가들이 해석을 하지 못했는가 하는 점입니다. 해석하기가 어려웠던 걸까요? 아무튼 성경은 이렇게 전합니다.

"아침에 그의 마음이 번민하여 사람을 보내어 애굽의 점술가와 현인들을 모두 불러 그들에게 그의 꿈을 말하였으나 그것을 바로에게 해석하는 자가 없었더라"(창세기 41:8).

탈무드의 랍비들은 점술가들이 실제로는 많은 해석을 내놓았다고 말합니다(미드라쉬 창세기 랍바 89:6). 점술가들은 바로에게 딸이 일곱 생길 텐데 그 딸들이 곧 죽게 된다고 해석합니다. 또 바로가 일곱 번의 위대한 정복을 이루기는 하지만 일곱 번 큰 패배를 당한다고 해석하기도 했습니다. 그러나 바로가 그런 점술가들의 해석을 받아들이지 않았다는 겁니다. 바로의 마음에 들지 않았기 때문이라는 것이 랍비들의 설명입니다.

사실은 바로가 자기 꿈에 대한 해답을 꿈에서 꾸었는데 잊어버리고 말았다고 설명하는 랍비들도 있습니다. 그러니까 나중에 요셉이 그의 꿈을 정확하게 해석하자 바로가 그것을 기억해냈다는 것입니다. 이것을 현대적인 용어로 풀이하자면, 바로는 자기 꿈의 의미를 잠재의식 속에서는 알고 있었지만 그것이 의식의 영역으로 진입하지 못하고 있다가 요셉의 설명을 듣고는 의식하게 되었다는 것입니다. 이런 인식의 과정은 심리치료에서 치료사와의 대화를 하는 가운데 환자가 자신의 문제를 이해하고 자신을 괴롭히는 것이 무엇인지 깨닫게 되는 과정과 흡사합니다. 그런 의미에서 보자면, 요셉은 바로의 심리치료사인 셈입니다.

다시 성경 내용으로 돌아갑시다. 점술가들이 아무런 해석도 내놓지 못한 상황에서 마침내 술 맡은 관원장이 나서서 바로에게 자기가 갇혔던 감옥에 놀라운 해몽가가 있었다고 말합니다. (요셉을 잊고 있었던 술 맡은 관원장은 사실 요셉을 기억 깊숙한 곳에 묻어두고 있었던 겁니다. 요셉을 기억하면 자신이 생각하기도 싫은 감옥에 갇혀있던 시절이 떠오르기 때문입니다. 즉, 요셉에 대한 기억을 억압하고 있었던 겁니다.) 바로는 사람을 보내 요셉을 불러들입니다. 소환한 것입니다.

"이에 바로가 사람을 보내어 요셉을 부르매 그들이 급히 그를 옥에서 내 놓은지라 요셉이 곧 수염을 깎고 그의 옷을 갈아 입고 바로에게 들어가니"(창세기 41:14).

요셉은 지혜롭고 빈틈없는 사람입니다. 애굽의 왕인 바로를 만나러 가는데 수염을 덥수룩하게 기른 얼굴에 냄새나는 누더기 옷을 입고 갈 사람이 아닙니다. 그런 차림으로는 좋은 인상을 줄 리가 없을 테니까요. 언제 어느 곳에서 옷매무새를 신경 써야 하는지, 요셉은 알고 있었습니다. 형형색색의 코트 때문에 겪은 수난으로 인해 그는 때와 장소를 가려 옷차림을 신경 써야 한다는 소중한 교훈을 얻었기 때문입니다.

요셉은 바로에게 말합니다. 해석은 자기가 하는 게 아니라 하나님께서 하시는 것이라고. 그리고 바로가 들려주는 꿈 이야기를 들은 요셉은 하나님이 정하신 일을 바로에게 들려줍니다. 원래 두 꿈은 하나이며, 7년 동안 대 풍년이 찾아올 것이고 그 뒤로는 7년 동안 끔찍한 흉년이 찾아온다고. 그리고 꿈을 두 번 꾼 것은 하나님이 정하신 그 일을 신속히 행하실 것이니 잊지 말라는 뜻이라고. 그리고는 바로 이어서 요셉은 대비책을 제시합니다. 곡물을 거두어 저장하여 흉년 때의 기근에 대비하라고.

사실 암소는 밭을 갈며 농사짓는데 사용되고, 곡식 줄기의 이삭은 주요 식량이라는 사실을 생각하면, 요셉의 해석은 지극히 논리적이고 명백한 해석이 아닐 수 없습니다. 사실 뛰어난 해석이나 설명은 어찌 보면 항상 지극히 단순하고 명백한데 사람들이 모르고 있을 뿐입니다. 뒤늦게 나중에 돌이켜보면서 '아, 그렇구나!' 하고 무릎을 탁 치게 되는 것이 요셉의 해석과 같은 누구에게나 명백한 해석이나 설명인 것입니다.

꿈은 예언적인 속성을 가지고 있을까요? 어떤 꿈들은 분명히 예언입니다. 탈무드에 따르면, 모든 꿈 가운데 60분의 1정도가 예언적인 꿈이며 대부분의 다른 꿈들은 별 의미가 없거나 하나님의 메시지를 담고 있지 않다고 합니다(브라쇼트, 57b).

반면에 랍비 히스다(Hisda)는 다른 랍비들의 견해와는 달리 다분히 현재적인 견해를 제시합니다. 해석되지 않은 꿈은 읽지 않은 문자와 같다는 것입니다(브라쇼트, 55a). 해석되지 않는 꿈은 실현될 수 없다는 것인데, 저는 이것을 꿈의 해석은 곧 꿈에 담긴 의미를 창조하는 것이라는 사실을 말하는 것이라고 봅니다.

우리가 꾼 꿈보다 더 중요한 것은 그 꿈을 '어떻게 이해할 것인가', '어떻게 반응할 것인가' 하는 것입니다. 끔찍할 정도로 무서운 꿈을 꾸더라도 그 꿈이 좋은 징조일 수 있다고 생각하십시오. 나쁜 꿈이라도 그 꿈이 긍정적인 효과를 가져다 줄 수 있는 방안이 무엇인지 찾아야 합니다. 꿈에 대응하는 올바른 방법을 찾으면, 꿈을 무서워 할 이유가 사라지기 때문입니다.

윈스턴 처칠이 말했습니다. "좋은 위기를 절대 허비하지 말라."

우리는 이 중요한 메시지를 이렇게 바꾸어 말해봅시다. "꿈을 절대 허비하지 말자."

애굽의 총리가 된 요셉
– 제국을 다스리는 탁월한 리더십

요셉은 애굽왕 바로의 꿈을 해석하고 다가올 위기에 어떻게 대비해야 하는지, 그 해결 방안을 권고합니다. 그리고 우리가 앞에서 살펴보았듯이, 요셉은 왕의 부름을 받고 수염을 깎고 옷도 갈아입은 단정한 차림으로 나섭니다. 따라서 바로가 요셉에게 총리직을 맡겨 일종의 국가비상대책위원회를 이끌도록 결정을 내리는 것이 그리 놀라운 것은 아닙니다. 이제 요셉은 사실상 애굽의 2인자가 되어 내용상으로 보면, 거대한 제국의 최고경영자가 된 것이나 다름없이 되었습니다.

바로는 신하들에게 말합니다.

> "…이와 같이 하나님의 영에 감동된 사람을 우리가 어찌 찾을 수 있으리요 하고"(창세기 41:38).

그리고는 곧바로 이어서 요셉에게 말합니다.

"…하나님이 이 모든 것을 네게 보이셨으니 너와 같이 명철하고 지혜 있는 자가 없도다"(창세기 41:39).

히브리어로 '나본'(navon)과 '하캄'(chacam)이라는 표현을 킹 제임스 번역에서 "명철하고 지혜 있는"이라고 표현했습니다. 그런데 중세의 유대인 학자였던 나흐마니데스(Nachmanides)는 이 단어들을 좀 더 상세하게 설명합니다. 우선 '나본'은 '이해'라는 뜻으로 땅을 관리하고 풍요의 시기에 남는 곡식을 처리하는데 필요한 이해력과 인간적인 명민함을 의미한다는 것입니다. 그리고 '하캄'은 '지혜' 혹은 '지성'이란 뜻으로 곡식이 썩지 않도록 잘 관리하는데 필요한 지식과 전문적 기술을 말하는 것이라고 설명합니다. 여기서 참고로 '나본'이나 '하캄'과 관련된 히브리어를 더 살펴봅시다. '나본'의 뿌리가 되는 단어가 '비나'(binah)인데, 이 단어는 인간의 영역에서의 지혜와 통찰을 지칭하는 말입니다. 그리고 '하캄'의 뿌리가 되는 단어는 '호크마'(chochmah)로, 이 단어는 과학과 세상사 분야에서의 지식과 중요한 정보를 뜻하는 말입니다.

아무튼 바로는 요셉의 지적 능력을 보고 그를 2인자의 자리에 앉혔습니다. 그런데 왜 굳이 신하들 앞에서 요셉을 하나님의 영에 감동된 사람이라며 칭찬했을까요?

우선, 바로로서는 낯선 타국인이자 노예인 자를 나라를 통치하는 자리에 앉힌 자신의 결정을 정당화할 필요가 있었을 겁니다. 아마 요셉이 단순히 지혜롭고 재능 있는 사람이라고 말하는 것으로는 충분치 않을 수가 있습니다. 애굽에도 재능 있는 사람들은 있었을 테니까요. 하지만 요셉처럼 하나님의 영이 깃든 사람은 없었을 겁니다.

또 하나 가능한 해석은, 바로에게는 "하나님의 영에 감동[된]" 것과 "너와 같이 명철하고 지혜 있는 자가 없[다]"는 것이 같은 뜻이라는 겁니다. 다시 말해 바로는 요셉에게서 하나님의 영에 감동된 지혜가 있음을 본 것입니다. 인간적이면서도 인간을 초월한 그 무엇이 요셉 안에 있다는 것입니다.

아무튼 바로는 칙령을 내려 요셉에게 권한을 부여합니다. 자기가 앉은 왕좌를 제외하곤 요셉보다 더 높은 자리가 없을 것이라 하고, 요셉의 허락 없이는 애굽 사람 그 누구도 함부로 행동하지 못하게 할 것이라고 한 것입니다. 그야말로 절대 권력에 버금가는 권한을 부여한 것입니다.

이처럼 요셉이 바로에게서 권한을 위임받은 것과 비슷한 예를 다른 곳에서도 찾아볼 수 있습니다. 가령, 바로의 친위대장인 보디발이 자기가 먹을 음식을 제외하곤 거의 모든 것을 요셉의 손에 맡긴 것도 비슷한 경우입니다. 그리고 요셉이 바로에게서 받은 인장 반지, 세마포 옷, 왕실의 수레, 요셉에게 모두 머리 조아리라는 말 등, 이 모든 것은 에스더에서 처음엔 하만, 그리고 그 다음엔 모르드개에게 주어진 왕실의 문장과 비슷하다고 할 수 있습니다.

그러나 바로 또한 만만치 않은 사람이었습니다. 그는 타국 사람인 요셉의 재능을 받아들이긴 했지만, 그 재능 있는 사람을 애굽 사람으로 만들려고 갖은 방법을 동원합니다. 우선 요셉에게 사브낫바네아

(Zaphenath-Paneah)라는 애굽의 이름을 부여합니다. 이 이름은 히브리어가 아니라 고대 이집트어일 가능성이 높은데, 만일 그렇다면 그 이름은 '신이 말씀하시며 생명을 주었다'는 의미가 됩니다. 그런데 만일 히브리어라면 아마 '숨겨진 것을 드러내다'는 뜻이 될 것입니다. 현대 히브리어로는 '암호를 해독하다'는 뜻입니다.

그뿐이 아니라 창세기 41장 45절에 보면, 바로는 요셉에게 온의 제사장인 보디베라의 딸 아스낫을 주어 아내로 삼게 합니다. 그러니까 요셉은 애굽 여자를 아내로 맞아들인 겁니다. 이 부분에 대해 주석가인 라시는 랍비들의 성경 해설 전통을 인용하여, 사실은 요셉의 아내가 된 아스낫이 보디발과 보디발 아내 사이에서 태어난 딸이라고 말합니다. 그야말로 보디발 아내와 요셉과의 관계를 놓고 일어난 추문을 일거에 잠재우는 설명이 아닐 수 없습니다.

유대 전통에서는 요셉을 '의로운 사람 요셉'이라고 부릅니다. 그렇게 부르는 까닭은 요셉이 보디발 아내의 유혹을 뿌리쳤기 때문입니다. 그러나 제 생각엔 요셉이 고향을 떠나 낯선 땅인 애굽에서 거의 애굽 사람이 되어 살고 있음에도 자기 내면 깊숙한 곳에 있는 자신의 진정한 자아, 자기 정체성을 잃지 않았기 때문에 그렇게 부르는 것이 아닌가 싶습니다.

사람이 자기가 태어난 땅에 살 때는 자신의 뿌리를 지키고 존중하는 일이 어렵지 않습니다. 그러나 그 인연이 완전히 차단된 낯선 땅에 고립되어 살 때는 사정이 달라집니다. 나이가 서른인 요셉은 인생의 절정기랄 수 있는 한창 때에 들어선 사람입니다. 게다가 애굽의 옷을 입고, 애굽의 언어를 사용하며, 애굽의 권력자가 되어 애굽 사회와 그 권력구조 내에서 잘 지내고 있습니다. 그리고 애굽 여자를 아내로 맞아들이기까지 했습니다. 그러나 그는 자신의 정체성을 잃지 않았습니다. 그것은 그가 애굽 아내와의 사이에서 태어난 두 아들에게 므낫세과 에브라임이라는 히브리어 이름을 붙였던 데서 알 수 있습니다. 이름은 정체성의 일부로, 아주 중요하기 때문입니다. 요셉은 애굽에서 애굽을 이끄는 중요한 직책을 맡고 있는 동안에도 내면에서 이루어진 자기 자신과의 대화에서 언제나 자신이 유대인임을 잊지 않고 있었습니다. 그래서 우리는 그를 '의로운 사람 요셉'(יוסף הצדיק)이라고 부르는 것입니다.

열두 형제, 그리고 잃어버린 한 형제
- 유대의 포로 구출 전통

풍년이 7년 동안 계속되고, 요셉은 수확한 많은 곡물 중에 충분한 양을 거두어 나라의 곳간에 저장해둡니다. 이어서 흉년이 찾아오고, 그 재난이 7년이나 계속되면서 이웃 나라들은 굶주림에 허덕이지만 애굽은 달랐습니다. 요셉의 통찰 덕분에 먹을 것이 넉넉했던 겁니다.

가나안에 있는 야곱은 애굽에는 먹을 것이 있지만 가나안에는 사람이나 가축이나 먹을 것이 없어 굶주리는 참담한 현실을 보게 됩니다. 급기야 야곱은 자기 아들들에게 "너희는 어찌하여 서로 바라보고만 있느냐"(창세기 42:1)고 질책하듯 말합니다. 히브리어로 '라마 티트라우'(Lamah titrau?), '왜 그런 모습을 보이고 있느냐'는 뜻입니다.

어쩌면 야곱은 자기 아들들에게 '왜 그런 꼴이 되었느냐'고 묻고 있는 것인지도 모릅니다. 말하자면, 왜 자기 아들들이 그렇게 뼈만 앙상한 몰골이 되었는지 한탄하고 있는 것인지도 모릅니다.

그런데 위대한 주석가인 라시는 야곱의 그 말은 '왜 그렇게 멀거니 서서 서로 얼굴만 바라보고 있느냐'는 뜻이라고 설명합니다. 위기가 찾아왔으니, 그냥 멍하니 있지 말고 살아갈 방도를 찾아 나서라고 하는 말이라는 겁니다.

그렇게 해서 야곱의 아들 가운데 요셉의 아우인 베냐민을 제외하고 열 명의 아들들이 식량을 사러 애굽으로 향합니다. 야곱이 베냐민을 집에 남겨둔 이유는 '혹시 가는 길에 재난이 닥치지 않을까', '무슨 사고라도 당하면 어쩌나' 하는 두려움 때문이었습니다. 베냐민의 형들은 아버지의 그런 결정을 순순히 받아들입니다. 아버지가 총애하는 아들이니 그러려니 하고 아무런 이의도 제기하지 않았던 겁니다.

요셉의 형 열 명이 요셉이 곡물을 파는 총 책임자로 있는 애굽에 도착합니다. 성경에서 이 부분을 읽을 때마다 저는 놀라운 느낌을 지울 수가 없습니다. 어떻게 애굽 전체를 다스리는 주요 직책에 있는 사람이 가나안에서 온 시골뜨기 열 명에게 곡식을 팔만큼 한가할 수 있을까요? 물론 그 열 명이 상대적으로 많은 양을 구입하고자 하는 통 큰 매수자일 수는 있습니다. 하지만 그보다는 요셉이 늘 고향에 두고 온 자기 가족을 걱정하고 생각하고 있었기 때문은 아니었을까요? 그렇다면 요셉은 참으로 대단한 인물이 아닐 수 없습니다. 어쩌면 요셉은 전략적으로 예측하고 있었던 게 아닌가 싶습니다. 기근이 심한 가나안에 있는 가족을 기억하고, 조만간 분명히 형들이 자기 앞에 나타나리라 생각하고 있었을 거라는 게 제 생각입니다.

요셉은 형들을 알아보았지만, 형들은 동생인 요셉을 알아보지 못했습니다. 왜 그랬을까요? 어쩌면 그들이 이스마엘 상인들에게 동생 요셉을 팔아넘길 때만 해도 자신들은 이미 어른이었지만 요셉은 아직 수염도 나지 않은 열일곱의 나이의 청소년에 불과했기 때문에, 많은 세월이 흘러서 요셉을 알아보지 못했을 수도 있습니다. 어쨌든 성경은 우리가 충분히 이해할 수 있는 이야기를 전하고 있다고 봅니다. 왜냐하면 우리도 알고 지내던 사람을 전혀 예기치 못한 상황에서 마주치게 되면 금방 알아보지 못하는 경우가 종종 있기 때문입니다. 형들은 요셉이 애굽의 권력자가 되어 있을 거라고는 전혀 상상도 못했을 테니, 어찌 그런 자리에 있는 사람이 자기네 동생이라고 생각했겠습니까?

이런 경우가 문학을 포함한 예술 분야에서는 많이 등장합니다. 가장 멋진 예가 아마 슈퍼맨과 클라크 켄트의 경우가 아닌가 싶습니다. 클라크가 안경을 썼을 뿐인데 어느 누구도 그가 슈퍼맨일거라고는 상상도 못했으니까요. 요셉의 형들도 요셉이 애굽에서 그와 같은 슈퍼맨이 되어 있으리라고는 상상도 못했던 겁니다.

곡식을 사러온 형들이 요셉 앞에 서 있습니다. 요셉은 그 형들을 차갑게 대하며 애굽 땅을 정탐하러 온 첩자들이 아니냐고 몰아세웁니다. 요셉이 왜 그랬을까요? 무슨 근거로 형들을 첩자라고 주장하는 걸까요? 그냥 한번 떠보기 위해 그렇게 한 것일까요?

우리는 총 50개의 장으로 이루어진 창세기의 42장을 보고 있습니다. 세상 창조와 유대인의 탄생에 관한 이야기의 마지막을 향해 나아가고 있습니다. 창세기가 포함된 토라는 우리들에게 가르침을 주는 기록이자 동시에 신성한 문학이기도 합니다. 그런 차원에서 그 안에 담긴 단어와 문장과 이야기의 구성은 다의성, 즉 복합적인 의미를 지니고 있을 수 있습니다. 랍비들은 성경이 단순하고 명백한 의미를 지니고 있다는 사실을 인정하는 동시에 그 안에 담겨있는 또 다른 깊은 의미를 제시하기도 합니다. 여기에 언급한 요셉과 그의 형들에 관한 이야기도 그 중 하나입니다.

자, 다시 생각해봅시다. 요셉이 왜 형들을 첩자라며 몰아붙였을까요? 위대한 주석가인 라시는 유대의 해석 전통인 미드라쉬의 해석을 인용하며 요셉의 형들이 각자 서로 다른 10개의 문을 통해 애굽으로 들어왔다고 말합니다. 그 이유가 무엇일까요? 우선은 그들이 사람들 눈에 띄는 걸 원치 않았을 수가 있습니다. 어쩌면 아버지 야곱이 당부한 것일 수도 있습니다. '절대 애굽 사람들 눈에 거슬리는 행동을 하지 말라', '너무 눈에 띄는 행동을 해서 주목받아서는 안 된다' 이런 식으로 신신당부했을 수가 있는 겁니다.

또 하나 가능한 설명은, 그들이 서로 다른 길을 통해 요셉이 곡식을 파는 곳으로 들어간 것은 혹시 도중에 요셉을 찾을지도 모른다는 생각에 흩어져서 간 것이라는 겁니다. 그들은 동생 요셉을 데리고 집으로 돌아가고 싶은 마음이 있었던 것이지요. 저는 개인적으로 이 설명을 좋아하는데, 그 이유는 비록 성경이 전하는 명백한 의미를 전하는 설명은 아니더라도 우리에게 많은 생각을 안겨주는 설명이기 때문입니다. 더욱이 정탐꾼이 아니냐며 계속 추궁하는 요셉에게 형들이 한 대답에서 그럴만한 단서를 찾을 수 있기 때문입니다.

"그들이 이르되 당신의 종 우리들은 열두 형제로서 가나안 땅 한 사람의 아들들이라 막내 아들은 오늘 아버지와 함께 있고 또 하나는 없어 졌나이다"(창세기 42:13).

주목해야 할 것은 그들이 자기네는 열두 형제라고 말한 사실입니다. 그러니까 그들이 형제의 범위에 요셉까지 포함시킨 것입니다. 다시 말해, 그들이 요셉을 잊지 않고 있었던 것이고, 결과적으로는 이 말이 요셉의 마음을 움직였을 것이 분명합니다.

여기서 요셉을 두고 하는 말로, "또 하나는 없어졌나이다"라는 말이 킹 제임스 번역에서는 "하나는 더 이상 존재하지 않는다"고 되어 있지만, 히브리어 성경에서는 조금 다르게, "하나가 현재로서는 없는 상태", 즉 '실종되었다'는 뜻으로 되어 있습니다. 요셉의 행방이 아직 묘연하다는 뜻입니다.

유대인이 실종되거나 적에 포로로 잡힌 경우와 관련해서 유대 전통에는 무슨 수를 써서라도 그들을 집으로 데려와야 한다는 일종의 종교적 의무감이 있습니다. '피디온 슈부임'(pidyon shvuyim)이라는 전통이 그것입니다.

제가 젊은 외교관으로 활동할 때, 론 아라드(Ron Arad)라는 공군 항법사가 임무 중에 레바논 남부 상공에서 실종된 사건이 있었습니다. 그때 이후 이스라엘은 모든 외교적 역량을 동원하여 그를 집으로 데려오려고 노력하고, 온 이스라엘 국민들이 그의 생존과 무사귀환을 기원하였습니다. 그러나 비밀리에 진행되거나 공개적으로 이루어진 모든 노력에도 불구하고, 안타깝게도 그는 아직도 돌아오지 못하고 있습니다. 이제 우리는 그가 포로로 잡혀있다 사망한 것이 아닌가, 그렇게 추정하고 있을 뿐입니다. 그 외에도 가자지구에서 인질로 잡힌 많은 유대인들이 있습니다. 우리는 그들 모두가 무사히 집으로 돌아올 수 있도록 모든 노력을 다 할 것이며, 또 그렇게 되기를 기도하고 있습니다.

이와 관련해서 한국 역시 6·25전쟁 때 전사한 군인들의 유해를 찾는데 많은 노력을 기울이는 것으로 알고 있습니다. 발굴 대상이 한국군이든 북한군이든 아니면 유엔군이든 상관없이, 순수한 인도적인 차원에서 이루어지고 있는 그런 노력이 어쩌면 우리 모두를 한데 묶어주는 역할을 해줄 수도 있습니다. 우리를 위해 희생당한 사람들의 그 고귀한 헌신의 정신에 대해 우리 모두가 경의를 표하는 것이야 말로 우리 모두가 혼자가 아니라는 연대의식을 심어줄 수 있기 때문입니다.

'우리는 열두 형제입니다. 그런데 요셉이 실종되었습니다.'

형제에게 저지른 죄, 그리고 그 대가

앞에서 살펴보았듯이, 요셉은 자기 형들을 정탐꾼이 아니냐며 추궁합니다. 그러자 형들은 자신들을 변호하고자 자신들이 누구인지 솔직히 털어놓습니다. 아니, 어쩌면 하지 않아도 될 얘기까지 다 했는지도 모릅니다. 그것은 형제 중 하나는 없어졌고 막내는 고향에 아버지와 함께 있다고, 굳이 하지 않아도 될 얘기를 다 했으니까요.

그런데 이런 형들의 대답이 요셉에게는 감동으로 와 닿았을지도 모릅니다. 오래전에 형들에게 철저하게 버림받아 애굽으로 향하는 상인들에게 팔렸고, 그래서 생면부지의 애굽에서 외롭게 오랜 세월을 보낸 것을 생각하면 울분이 가시지 않지만, 그래도 형들이 자기를 가족으로 생각하고 있다는 사실에 가슴이 뭉클했을 수 있습니다.

그러나 요셉은 아직은 형들을 용서할 마음이 없었고 오히려 형들을 대상으로 게임을 시작합니다. 그 동기가 무엇인지 정확히 알 수는 없지만 어쩌면 그것은 복수를 하고 싶은 심리적인 욕구 때문일 수도 있고, 아니면 형들에게 도덕이 무엇인지 인지시키고 싶은 마음 때문일 수도 있습니다. 아니면 이 두 동기가 복합적으로 작용했을 지도 모릅니다.

요셉은 형들의 얘기가 맞는지 시험해 보기로 마음을 먹습니다. 모두를 옥에 가두고 그 사이에 한 명이 가나안으로 가서 집에 있다는 막내를 데리고 오면 정탐꾼이 아니라는 것을 인정해 주겠다고 제안합니다. 그러면서 형들을 모두 3일 동안 옥에 가둡니다. 그 3일 동안 아무 일도 일어나지 않습니다.

그런데 왜 3일이었을까요? 3일이란 기간은 아주 중요한 의미를 지니고 있습니다. 요나가 물고기 뱃속에서 지낸 것이 3일이었고, 에스더가 유대민족을 구하기 위해 금식한 기간도 3일이었습니다. 3일이 바로 반성과 회개의 기간인 셈입니다.

하지만 요셉의 형들은 그 3일 동안 요셉의 제안에 아무런 반응도 보이지 않습니다. 아마 그냥 무력한 상태에 빠져 있었는지도 모릅니다. 아니면 뭉치면 산다는 정신으로 꿋꿋하게 버티자고 했는지도 모릅니다.

그런 형들을 보고 요셉은 형들이 결속이라는 것이 무엇인지, 함께 단결하면 힘이 생기고 어떤 난관도 헤쳐 나갈 수 있다는 것을 깨달았을 거라고 생각한 것 같습니다. 형들이 오래전에 자기를 버릴 때와는 전혀 다른 태도를 보이고 있다는 것을 알았던 겁니다. 그래서 요셉은 어쩌면 자기가 너무 심하게 형들을 대하고 있는 것은 아닌지 생각을 하게 되고, 동시에 형들이 얼마나 오랫동안 옥에 갇혀 있든 상관하지 않고 계속 굳건히 버티지나 않을까 걱정도 합니다. 결국 요셉은 전략을 바꿔 형들에게 말합니다.

> "사흘 만에 요셉이 그들에게 이르되 나는 하나님을 경외하노니 너희
> 는 이같이 하여 생명을 보전하라 너희가 확실한 자들이면 너희 형제
> 중 한 사람만 그 옥에 갇히게 하고 너희는 곡식을 가지고 가서 너희
> 집안의 굶주림을 구하고 너희 막내 아우를 내게로 데리고 오라 그러
> 면 너희 말이 진실함이 되고 너희가 죽지 아니하리라 하니 그들이 그
> 대로 하니라"(창세기 42:18-20).

요셉이 "나는 하나님을 경외하노라"라고 한 말의 의미는 무엇일까
요? 아마 형들에게 이제부터는 사정을 고려하여 합리적인 제안을 내
놓겠다는 의미일 겁니다. 또는 이런 의미일 수도 있습니다. '나는 하
나님을 경외하기에, 그대들이 이렇게 버틴다는 이유로 당신들 고향
에 있는 가족들을 굶어죽게 하지는 않겠다.' 요셉은 이런 뜻을 통해
형들에게 그들이 애굽에 있는 동안 가나안에 있는 아버지 야곱을 비
롯한 온 가족은 굶주림에 시달리고 있다는 사실을 상기시키고 싶었
던 것일지도 모릅니다.

요셉이 새로운 제안을 내놓았지만 형들은 선뜻 응할 수가 없었습
니다. 누구를 옥에 남겨둘지 결정할 수가 없었기 때문입니다. 요셉은
형들이 히브리어로 논의하는 내용을 듣게 됩니다. 물론 형들은 요셉
이 자기네가 하는 히브리어를 알아듣는다는 사실을 전혀 모르고 있
었습니다.

형들은 자신들이 처해 있는 상황이 자연발생적인 것이 아니라 자신들이 저지른 죄에 대한 대가라는 사실을 이해하게 됩니다.

> "그들이 서로 말하되 우리가 아우의 일로 말미암아 범죄하였도다 그가 우리에게 애걸할 때에 그 마음의 괴로움을 보고도 듣지 아니하였으므로 이 괴로움이 우리에게 임하도다"(창세기 42:21).

요셉은 이 말을 듣고 눈물을 흘리며 웁니다. 토라가 우리에게 전해주는 참으로 감동적인 이야기가 아닐 수 없습니다. 요셉이 옥에 갇혔던 적이 있듯이 형들도 역시 애굽에서 옥에 갇혀 있으니, 참으로 기구한 운명의 가족이 아닐 수 없습니다.

또한 우리는 비로소 이 대목에서 형들이 요셉을 구덩이에 던져버렸을 때 요셉이 살려달라고 애원했다는 사실, 그리고 형들이 그런 동생의 애원을 듣지도 않았다는 사실을 알게 됩니다. 창세기 37장 24절과 25절에서 우리는 형들이 요셉을 구덩이에 던져놓고 태연히 앉아서 음식을 먹었다는 이야기만 들었지, 더 자세한 사항을 듣지 못했습니다. 그런데 이 대목에서 우리는 형들이 정말 얼마나 잔혹했는지 더 자세한 사항을 알게 되고, 또 과거에 저지른 죄를 형들이 다 기억하고 있다는 사실도 알게 됩니다. 아무리 흉악한 형들이라도 진실을 감출 수는 없었던 겁니다. 그러면서 형들은 한 가지 교훈도 얻은 셈입니다. 이제 다시는 누구 하나를 희생양으로 삼을 수 없다는 사실과 누구를 다시 애굽의 감옥이라는 구덩이에 던져버릴 수 없다는 사실을. 이런 형들의 태도가 요셉의 마음을 움직이게 하였습니다. 하지만 요셉은 자신의 그런 감정을 숨깁니다. 이 극적 드라마와 같은 상황을 서둘러 마무리 짓지 않는 것입니다.

요셉은 그런 형들 대신에 자신이 나서 한 사람을 선택합니다. 다른 형들이 보는 앞에서 시므온을 결박하여 옥에 남겨두게 합니다. 왜 하필 시므온이었을까요? 그 이유는 명백합니다. 시므온과 레위는 따로 떼어놓아야 했던 겁니다. 그 두 형제는 같이 있으면 위험합니다. 세겜을 파괴시켰듯 애굽도 마구 짓밟을 수 있기 때문입니다.

요셉은 나머지 형들을 가나안으로 돌려보냅니다. 곡식도 챙겨주고, 곡식 구매대금으로 가져온 돈도 도로 자루에 넣어주라고 부하들에게 명합니다. 자, 그렇다면 이런 상황을 나중에 알게 된 아버지 야곱은 어떤 반응을 보였을까요? 야곱 역시 이 가슴 아픈 얘기를 듣고 깨달은 바가 있었을까요? 다음을 기대하시기 바랍니다.

유다의 리더십
─ 역경 속에 필요한 용기와 성실성

시므온은 다른 형제들이 베냐민을 데리고 돌아올 때까지 옥에 갇히게 됩니다. 인질인 셈입니다. 그리고 다른 형제들은 무거운 발걸음으로 가나안으로 돌아갑니다. 요셉이 시므온을 남겨두게 한 것은 레위와 따로 떼어놓기 위함이었습니다. 둘이 함께 있으면 어떤 위험천만한 일이 벌어질지 모르기 때문입니다.

여기서 요셉이 주도하고 있는 상황을 같이 이해해 보도록 합시다. 우선, 요셉의 형들은 기본적으로 애굽으로 돌아와야 합니다. 그들이 애굽이 아닌 다른 나라에서 곡식을 구할 수 있다 해도 형제인 시므온이 애굽의 옥에 있는 한 모른 척 할 수는 없을 겁니다. 한편, 요셉은 형들과의 관계가 계속 유지되어야 한다고 생각한 것 같습니다. 가족과의 재결합이 그의 궁극적인 목표이기 때문입니다. 그가 내세운 새로운 조건 하에서의 재결합이 되겠지만, 어쨌든 분명한 것은 요셉이 재결합을 원하고 있다는 사실입니다.

종종 가족 간의 불화로 인해 관계를 끊은 채 수십 년 동안 서로 얼굴도 보지 않고 지내는 사람들이 있습니다. 가족 구성체 내에서의 관계 단절은 너무나 고통스러운 일이기 때문에 대개 사람들은 가족 내에서 문제가 발생하더라도 그냥 눈감아 주고 지나가는 경우가 있습니다. 그러나 요셉은 달랐습니다. 그 역시 가족과의 재회를 원하고 있지만, 우선 매듭지어야 할 것은 매듭짓고 보자고 생각했던 것입니다. 그렇게 해서 요셉이 새로운 제안을 했고, 그 제안을 받아들인 형들이 시므온을 남기고 가나안으로 돌아가게 된 것입니다.

가나안으로 가는 도중에 요셉의 형들은 여관에 묵게 됩니다. 그 중 한 사람이 나귀에게 먹이를 주려고 자루를 열어보다가 그 안에 곡식 사려고 가져갔던 자기 돈이 그대로 들어있는 것을 보았습니다. 그런데 나중에 집에 돌아와 귀중한 곡식이 담긴 짐을 풀다가 다른 모든 형제들도 다 자기네 돈이 그대로 들어있는 것을 보게 됩니다. 한 사람이 그런 경우라면, 애굽 관리들이 실수로 돈을 잘못 넣어두었거나 어쩌다 우연히 돈이 들어가게 되었다고 할 수 있습니다. 하지만 모든 형제들의 자루에 돈이 들어있었으니…!

그들은 아버지 야곱에게 자초지종을 다 털어놓습니다.

"그들이 가나안 땅에 돌아와 그들의 아버지 야곱에게 이르러 그들이 당한 일을 자세히 알리어 아뢰되"(창세기 42:29).

전에도 이 비슷한 장면을 보지 않았습니까? 요셉의 코트에 염소 피를 묻히고는 도단에서 돌아와 아버지에게 사나운 짐승이 요셉을 잡아먹었다고 설명하던 그 장면 말입니다. 그때는 그들이 완전히 새 빨간 거짓말을 했지만, 지금은 사실 그대로 털어놓습니다. 아주 자세하게 아버지에게 보고했던 겁니다.

그리고 아들들의 말이 끝나자, 야곱이 말합니다.

> "그들의 아버지 야곱이 그들에게 이르되 너희가 나에게 내 자식들을 잃게 하도다 요셉도 없어졌고 시므온도 없어졌거늘 베냐민을 또 빼앗아 가고자 하니 이는 다 나를 해롭게 함이로다"(창세기 42:36).

야곱의 말, '왜 나에게 이런 일이 벌어지도록 했느냐'고 하는 야곱의 말은 감정에 북받친 말이면서도, 그 안에는 너희들이 요셉을 노예로 팔아 이 모든 일이 벌어진 것이라는 암시가 담겨 있다고도 할 수 있습니다.

그런데 흥미로운 점이 하나 있습니다. 그것은 야곱이 요셉과 시므온과 베냐민을 같이 언급했다는 사실입니다. 자식들 가운데 누구를 편애하는 것이 가정의 불화를 초래할 수 있다는 사실을 깨달은 것일까요? 아무튼 여기서 마침내 야곱은 자기 아들들이 어느 어머니의 배에서 나왔든 간에 아들 모두의 생명이 다 똑같이 중요하다는 입장을 취하고 있는 것입니다. 그러자 르우벤이 나서서 아버지 야곱에게 매우 이상한 말을 합니다.

> "르우벤이 그의 아버지에게 말하여 이르되 내가 그를 아버지께로 데

리고 오지 아니하거든 내 두 아들을 죽이소서 그를 내 손에 맡기소서 내가 그를 아버지께로 데리고 돌아오리이다"(창세기 42:37).

베냐민을 데리고 가서 사실을 밝히고 시므온을 데리고 오겠다는 르우벤의 말에 야곱은 당연히 자기 아들인 베냐민은 데려갈 수 없다고 합니다. 야곱이 이런 반응을 보이게 된 것은, 르우벤이 잘못된 메시지를 적절하지 못한 시점에 아버지에게 전달했기 때문입니다. 그의 메시지가 감정이 실린 것이긴 하지만 효과적인 것은 아니었습니다. 도단에서도 상황을 잘못 다스리는 바람에 요셉을 아버지에게 데려올 수 없었는데, 이번에도 약속을 못 지키면 자기 아들을 죽이라는 전혀 설득력 없는 메시지를 전하고 있기 때문입니다. 할아버지인 야곱이 자기 손자가 죽는 것을 원하겠습니까? 르우벤의 말은 부모로서의 책임감도 없고 앞날에 대한 깊은 생각이나 상황을 이해하는 세심함도 전혀 담겨 있지 않는 말이었던 겁니다.

르우벤의 말에 경악을 금치 못한 랍비들은, 장자인 르우벤이 자기 아들을 죽이라고 한 것을 놓고 참으로 어리석은 사람이라고 설명합니다(미드라쉬 창세기 랍바 91:37). 어떤 말을 언제 하느냐 하는 것이 중요한데 르우벤이 그렇게 하지 못한 것입니다.*

---

* 제2 성전 파괴 직후, 그리고 로마에 저항했던 바르 코크바의 반란이 있기 전인 서기 70년에서 135년 사이, 즉 예수 이후 2, 3 세대가 지난 시기에 생존했던 랍비 타르폰(Tarfon)이 사용한 표현이 있습니다. 그는 누가 자신에게 전혀 이치에 맞지 않는 말을 하거나 우스꽝스러운 제안을 하면 "내 두 아들을 죽이시오"라고 대응했다고 합니다. 르우벤이 야곱에게 했던 제안만큼이나 어리석고 말도 안 되는 제안이라는 것입니다.

그런 르우벤과는 달리 유다는 상황을 잘 살펴 신중하게 접근합니다. 그는 상황을 지켜보다가 식량이 떨어져 위기가 고조되는 시점, 즉 어려운 결정을 내려야 할 시점에 야곱에게 다가갑니다. 식량 위기의 순간이 다가오기 전에는 아버지 야곱이 아들 베냐민을 데리고 가라는 결정을 내리지 못할 거라는 것을, 더욱이 시므온이 애굽에 붙잡혀 있다는 사실에 충격을 받은 상태에서는 아버지가 쉽게 그런 결정을 내리지 못한다는 것을 유다는 너무나 잘 알고 있었던 겁니다. 그래서 유다는 때를 기다렸다가 처음으로 아버지에게 다가갑니다.

> "그 땅에 기근이 심하고 그들이 애굽에서 가져온 곡식을 다 먹으매 그 아버지가 그들에게 이르되 다시 가서 우리를 위하여 양식을 조금 사오라 유다가 아버지에게 말하여 이르되 그 사람이 우리에게 엄히 경고하여 이르되 너희 아우가 너희와 함께 오지 아니하면 너희가 내 얼굴을 보지 못하리라 하였으니 아버지께서 우리 아우를 우리와 함께 보내시면 우리가 내려가서 아버지를 위하여 양식을 사려니와 아버지께서 만일 그를 보내지 아니하시면 우리는 내려가지 아니하리니 그 사람이 우리에게 말하기를 너희의 아우가 너희와 함께 오지 아니하면 너희가 내 얼굴을 보지 못하리라 하였음이니이다"(창세기 43:1-5).

유다는 아버지에게 공손하게 말하지만 이미 마음의 결정을 내린 상태입니다. 굶주림으로 아사자가 생길 수 있는 상황에서 그는 다시 한 번 조심스럽게 아버지 야곱에게 자신의 생각을 말하는데, 이번에는 자신의 진심을 담은 호소에 가까운 말을 건네게 됩니다.

> "유다가 그의 아버지 이스라엘에게 이르되 저 아이를 나와 함께 보내
> 시면 우리가 곧 가리니 그러면 우리와 아버지와 우리 어린 아이들이
> 다 살고 죽지 아니하리이다 내가 그를 위하여 담보가 되오리니 아버
> 지께서 내 손에서 그를 찾으소서 내가 만일 그를 아버지께 데려다가
> 아버지 앞에 두지 아니하면 내가 영원히 죄를 지리이다"(창세기 43:8-9).

결정적인 제안입니다. 유다는 자기 자신이 다 책임지겠다고 합니다. 자신을 희생해서라도 시므온과 베냐민을 둘 다 아버지 앞에 서게 할 테니, 제발 베냐민을 데리고 가게 해달라고 호소하는 겁니다.

야곱은 자기 아들인 유다가 자기가 한 말은 지키는 사람이라는 것을 잘 알고 있습니다. 유다는 자기가 책임지겠다고 하면 그 책임을 다하는 사람, 다시 말해 어떤 대가를 치르고서라도 자기가 한 약속이나 자기가 맡은 임무를 다 하는 성실한 사람입니다. 위기와 고난의 시기에 온 정성을 다하고 진정한 용기를 내보이는 인간의 전형이 바로 유다입니다. 그래서 유다는 이스라엘 백성들에게는 뛰어난 리더십의 모델이 되며, 그래서 창세기 마지막 부분에 가서 야곱이 유다에게 왕권을 주는 것입니다.

요셉과 그의 형들
– 마지막 결전

애굽의 총리인 요셉이 요구한대로, 야곱은 아들들이 베냐민을 데리고 애굽으로 돌아가는 것을 허락합니다. 야곱은 반드시 베냐민을 다시 데리고 오겠다고 한 유다의 다짐을 믿었을 뿐 아니라 점점 더 악화되는 가나안의 암담한 상황에 마음이 흔들렸던 것입니다. 식량이 떨어지는 상황에서 곡식을 구할 방도가 없으니 굶어죽는 일을 방지하려면 유다의 말을 들을 수밖에 없었던 겁니다.

야곱은 아들들에게 자루에 들어있던 돈이 잘못 들어간 돈일지 모르니 그것을 포함해서 돈을 2배로 가져가야 한다고 말합니다. 그리고 가나안에서 거둔 최고의 수확물을 예물로 가져가라고 일러둡니다. 야곱이 흉년이 계속되는 가운데서도 이스라엘 땅을 잘 보존하여 풍요로운 애굽에 가져가도 손색이 없는 멋진 수확물을 거두게 했다는 것은 참으로 대단한 일입니다. 어려운 시기에도 땅에 대한 믿음을 버리지 않았던 야곱은 그 땅에 사는 민족의 위엄을 지키고 싶었던 겁니다.

야곱은 아들들에게 예물로 가져갈 것을 알려줍니다.

> "…너희는 이 땅의 아름다운 소산을 그릇에 담아가지고 내려가서 그
> 사람에게 예물로 드릴지니 곧 유향 조금과 꿀 조금과 향품과 몰약과
> 유향나무 열매와 감복숭아이니라"(창세기 43:11).

야곱은 이스라엘 특산품이라 할 수 있는 귀한 산물들을 조금씩 가
져가라고 합니다. 아무거나 골라 많이 가져가봐야 애굽의 거대한 곡
식 창고에 비하면 초라해 보일 테니 조금씩 진기한 것을 가져가라는
것이겠지요.

이런 야곱의 말에는 이스라엘의 이야기가 담겨있습니다. 이스라
엘은 인구도 적고 국토 면적도 작습니다. 따라서 대규모 제조업을 운
영하기가 힘듭니다. 그래서 그런 환경 속에서도 독특한 가치와 품질
을 지닌 혁신 제품들을 생산하여 세계 시장에 내놓아 인정받는 길로
나아가게 되었습니다. 그 결과, 현재 이스라엘은 인구가 1천만 명이
안 되는 국가이지만 혁신 지수에 따른 혁신 기업 수가 세계 3위인 국
가가 되었습니다. "유황 조금과 꿀 조금"이라고 한 야곱의 말에 담겨
있는 교훈을 잊지 않은 것입니다.

다시 본래의 이야기로 돌아가겠습니다. 요셉의 형제들이 애굽에
도착하여 요셉 앞에 서게 됩니다. 그때 요셉은 동생 베냐민을 보게
되지만, 그 동생을 보고 울컥하는 감정의 동요를 보일까봐 사실은 제
대로 보지 못합니다. 대신 청지기에게 정오에 함께 점심을 먹도록 음

식을 준비하라고 지시합니다.

요셉의 형제들은 요셉의 집으로 안내됩니다. 어쩌면 전혀 예상치 못한 일이라 몹시 긴장되고 두려웠을 겁니다. 집으로 데려가 결박하는 것은 아닌지 겁도 났습니다. 혹시 자루에 들어있던 돈 때문인가 싶어 그들은 요셉의 청지기에게 그 돈을 다시 다 가져왔다고 알려줍니다. 하지만 청지기는 곡식 값으로 돈을 다 받았고 장부에도 기입해 뒀다고 하며, 어쩌면 자루에 들어있던 돈은 하나님이 주신 선물일지 모른다고 말합니다. 그 말을 듣고 걱정을 내려놓은 형제들에게 청지기는 시므온을 데려다 주었을 뿐 아니라 그들이 발을 씻도록 물도 갖다 주고 나귀에게 먹이도 줍니다. 그러자 요셉의 형제들은 갖고 온 예물을 정돈하고 요셉이 오기를 기다립니다.

드디어 모습을 드러낸 요셉은 형제들에게 괜찮은지 묻고, 아버지 야곱의 안부를 묻습니다.

> "요셉이 그들의 안부를 물으며 이르되 너희 아버지 너희가 말하던 그 노인이 안녕하시냐 아직도 생존해 계시느냐"(창세기 43:27).

여기서 우리는 요셉의 마음이 어떠했을지 생각하지 않을 수 없습니다. 아버지를 뵙지도 못했는데 돌아가시면 어떻게 하나? 자기가 아버지에게 많은 근심을 안긴 것은 아닌가? 아들인 자기가 아직 살아있는데 그것도 모른 채 눈을 감으시면 어떻게 하나? 아마 이런 생각으로 가슴이 아프지 않았을까요? 당장 해결할 수 없는 부모와 자식 간의 이런 문제는 우리 모두의 마음을 아프게 하는 문제입니다.

그런 다음 요셉은 눈을 들어 자기 어머니의 아들이자 동생인 베냐민을 보고는 감정을 억누르지 못해 안방으로 들어가 혼자 울게 됩니다. "눈을 들어" 본다는 것은 어떤 목적이 있어 바라보는 것을 의미합니다. 요셉은 자기 동생의 모습을 제대로 보고 싶었던 겁니다.

성경에 나온 이 부분의 이야기는 정말 감동적입니다. 노예로 팔려 낯선 객지에서 가족과 떨어져 외롭게 지낸 이 사람의 심정이 어떠했을지 우리는 짐작할 수 있습니다. 우리는 요셉의 눈을 통해 그가 정말 그리워했던 아우와 만나는 장면을 머릿속에 그려볼 수 있습니다. 토라에 나오는 감동적인 장면들은 정말 영화 속 장면과 하나 다를 바 없습니다. 현대의 영상 미학을 그대로 반영하고 있는 토라의 이야기는 그런 측면에서 시간을 초월한 예술작품이라 아니할 수 없습니다. 윤리와 삶의 가치가 무엇인지 보여줄 뿐 아니라 예술적 아름다움까지 갖춘 최고의 문학이 바로 토라인 것입니다.

요셉은 자기가 울었던 사실을 혹 누가 알까봐 얼굴을 씻은 다음 다시 형제들 앞에 나타납니다. 곧 모든 사람이 식사자리에 앉게 되는데, 애굽인들과 요셉과 요셉의 형제들은 각기 서로 다른 식탁에 앉습니다. 그런데 요셉은 자기 형제들을 정확히 큰 형에서 막내까지 나이 순에 따라 순서대로 앉게 합니다. 어떻게 요셉이 그들의 나이를 알고 그렇게 앉게 했는지 그의 형제들은 의아하게 생각했고, 아마 놀랐을 것이 틀림없습니다.

아무튼 식사자리에 참석한 요셉의 형제들은 먹고 마시며 즐거운 시간을 보냅니다. 그들은 그렇게 대접을 잘 받게 된 것으로 보아 이제는 안심해도 된다고 생각했을 것이 틀림없습니다. 요셉을 팔아넘겼다는 죄책감이 없었던 것은 아니나, 아무튼 상황을 보니 무사히 집으로 돌아갈 수 있겠다는 생각을 했을 겁니다.

다음 날 아침, 요셉의 형제들은 양식을 담은 자루를 나귀에 싣고 성읍을 나와 집으로 향합니다. 그들의 발걸음이 얼마나 가벼웠을까요? 그런데 요셉의 청지기가 그 형제들을 뒤쫓아 옵니다. 아마 무장한 병사들을 거느리고 왔을지도 모릅니다. 그리고는 그 청지기가 왜 우리 주인의 은잔을 가져갔냐며 따집니다. 은혜를 원수로 갚느냐는 식의 질타였습니다.

당연히 형제들은 깜짝 놀라게 됩니다. 서로를 너무 잘 아는 형제들은 자기들 가운데는 절대 도둑이 있을 리 없다는 확신을 가지고, '칼 바코머'(kal vachomer)라 불리는 탈무드의 원리, 즉 '부드러우면서도 엄격한' 방식으로, 라틴어로는 '아 포르티오리'(a fortiori), 즉 '더 유력한 이유나 증거를 내세우는' 방식으로, 자신들의 주장을 폅니다. 말하자면, 자기네가 자루에 들어있던 돈, 그러니까 잘못 받은 게 아닌가 싶은 돈도 돌려주고자 가나안에서 다시 가져온 사람들인데, 어떻게 요셉의 집에서 은잔을 훔쳤을 거라고 생각하느냐는 논리였습니다.

토라에서는 이 비슷한 예가 10개 정도 있습니다. 가령, 출애굽기에서 모세가 하나님께 하는 말, 즉 이스라엘의 자손들도 자기 말에 귀를 기울이지 않는데 애굽의 바로가 자기 말을 들을 리 있겠냐고 한 말이 그런 경우입니다. 탈무드에는 법적 추론이나 논리적 추론으로서의 그런 예가 곳곳에 등장합니다.

그러면서 형제들은 청지기에게 은잔이 누구에게 발견되든 그 자는 죽을 것이고, 나머지는 당신 주인의 종이 되겠노라고 자신 있게 말합니다. 그러자 청지기는 요셉을 대신하여 은잔을 훔친 도둑은 주인의 종이 되고, 나머지는 죄가 없으니 누구의 종이 될 필요는 없다고 말합니다. 곧이어 나이 많은 자부터 시작하여 막내인 베냐민까지 모두의 자루를 조사하게 되고, 그 결과 베냐민의 자루에서 은잔이 발견됩니다. 청지기 말대로 은잔이 발견되었으니 더 이상 무슨 말이 필요하겠습니까? 다시 모든 형제들이 애굽으로 돌아갈 수밖에 없습니다. 바로의 노예가 될 운명에 처하게 된 겁니다. 하지만 그들은 베냐민만 종이 되게 할 수 없다고, 남은 형제들도 다 종이 되겠다고 주장할 것입니다. 다시는 다수를 위한다고 어느 한 형제를 희생시키는 그런 일은 하지 않으리라 다짐할 것입니다.

그래서 유다가 요셉 앞에서 탄원하는 그 유명한 웅변이 있게 됩니다.

유다, 요셉 앞에서 호소하다
— 역사상 가장 위대한 웅변(?)

은잔이 베냐민의 곡식 자루에서 발견됩니다. 누가 그들에게 그런 음모를 꾸몄는지 알 도리가 없습니다. 요셉과 그의 종들이 그랬을까요? 아니면 하늘의 뜻일까요? 영문도 모르는 일이 벌어졌지만 어쨌든 은잔이 발견되었으니, 유다는 요셉에게 솔직한 심정을 토로하게 됩니다.

> "유다가 말하되 우리가 내 주께 무슨 말을 하오리이까 무슨 설명을 하오리이까 우리가 어떻게 우리의 정직함을 나타내리이까 하나님이 종들의 죄악을 찾아내셨으니 우리와 이 잔이 발견된 자가 다 내 주의 노예가 되겠나이다"(창세기 44:16).

유다는 자기가 모든 책임을 지고 반드시 시므온과 베냐민을 데리고 다른 형제들과 함께 오겠다는 다짐으로 아버지 야곱의 허락을 받아 애굽으로 왔습니다. 물론 야곱은 아들 유다의 판단, 그리고 그의 책임감을 믿었기에 허락한 것입니다. 따라서 유다는 비록 애굽에서 종노릇을 하더라도 모든 형제들이 누구 하나 따로 떨어지지 않고 함께 있게 하려고 노력합니다. 자기 책임을 다하려는 태도였습니다. 어쩌면 종으로 지내든 옥에 갇혀 있든 모두가 함께 있어야 베냐민을 구출하여 탈출할 희망이라도 찾을 수 있다는 생각 때문에 그렇게 말한 것일 수도 있습니다. 하지만 요셉은 그 자리에서 유다의 청을 거절합니다. 자기는 결코 그렇게 하지 않을 것이니 잔을 지니고 있던 자만이 자기 종이 되고, 나머지는 다시 그들의 아버지에게 돌아가라고 한 것입니다.

여기서 재미있는 것은 요셉이 '잔을 훔친 자'라고 하지 않고 "잔이 그 손에서 발견된 자"(창세기 44:17)라고 말한 부분입니다. 이것은 요셉이 사실상 잔을 훔친 절도죄를 추궁하는 것이 아니라 잔이 발견되었다는 정황만 언급하고 있다는 것을 보여줍니다. 달리 말하면, 마치 자신도 어떻게 이런 일이 일어났는지 잘 모르겠다는 식으로 말하면서, 자기가 벌을 주기 위해 그런 일을 꾸민 것이 아니라 어떤 권능의 존재가 개입한 것일지도 모르겠다고 한 것입니다.

어쨌든 유다는 주저하지 않고 바로 요셉에게 나아갑니다. 이번에는 새로운 접근방식으로 요셉에게 호소합니다. 요셉의 말에 반박하는 식이 아니라, 요셉이 이러쿵저러쿵 따질 수 없는 집안 이야기를 들고 나온 것입니다. 법률 용어로 말하자면, 요셉의 말에 '이의 없음'을 분명히 하고는 집안 이야기를 구구절절이 늘어놓은 겁니다.

유다가 한 말을 요약하면 이렇습니다.

"당신의 종인 제가 바로와 같이 존엄한 당신에게 감히 말씀 올립니다. 우리에게는 나이 드신 아버지가 한 분 계신데, 그분에게는 사랑하는 아내, 진정으로 사랑한 유일한 여성인 그 아내 사이에 태어난 막내아들이 있습니다. 그 어린 아들에게는 형이 하나 있었는데 옛날에 죽어버렸습니다. 그래서 그 동생이 아버지에게 남은 유일한 자식인 셈입니다. 만일 제가 그 동생을 데리고 가지 못한다면 저의 아버지는 죽고 말 것입니다. 두 사람은 서로 생명이 연결되어 있기 때문입니다. 그러니 간절히 청하옵나이다. 그 어린 동생을 데리고 가게 해주십시오. 동생을 집에 보내지 못하면 저는 아버지께 영원히 죄를 저지르게 됩니다. 그러니 간청하오니, 그 동생 대신 저를 여기 붙잡아 두시고 어린 동생은 돌아가게 해주옵소서. 동생을 데려가지 못하면 저 또한 돌아갈 수 없습니다."

유다는 이렇게 애원하는 가운데 절도죄의 여부는 논외의 문제인 양 회피합니다. 그러니까 가장 중요한 문제는, 베냐민이 은잔을 훔쳤느냐 아니냐가 아니라 아버지가 죽는다는 것이고, 그리고 그 책임은 자기에게 있다는 것입니다.

어떻게 보면 유다는 심판관인 요셉에게 더 큰 그림을 봐달라고, 더 중요한 인간적인 드라마를 고려해 달라고 요구하고 있습니다. 베냐민이 유죄냐 무죄냐 하는 것과는 상관없이 자신의 호소를 존중해 달라고 요구하고 있는 것입니다.

유다는 모르고 있었겠지만, 사실 그는 요셉에게 호소하는 가운데 옛날에 저지른 죄에 대한 잘못을 뉘우치고 그 책임을 지겠다는 뜻을 표한 것이라 할 수 있습니다. 우선, 자기 어머니는 아니지만 요셉과 베냐민의 어머니인 라헬을 자기 아버지가 각별히 사랑했다는 사실을 인정하고 받아들이고 있습니다. 그리고 옛날에 베냐민의 나이와 비슷한 나이의 요셉을 구덩이에 버렸다가 애굽에 팔아버렸을 때는 그렇게 하지 못했지만, 이제는 라헬의 아들인 베냐민을 대신해서 자기가 구덩이에 들어가겠다고, 즉 애굽의 옥에 갇히겠다고 나선 것입니다. 옛날에는 어린 소년이었던 요셉을 구하지는 못했지만, 지금은 그때의 요셉처럼 어린 소년인 베냐민을 구하겠다는 굳은 의지를 내보였던 겁니다. 이것이 바로 위대한 학자이자 랍비인 마이모니데스가 말하는 '참회'(repentance)인 것입니다. 예전과 동일한 상황, 동일한 압박, 동일한 도전이 주어진 순간에 그전과는 다르게 행동하는 것, 그것이 바로 '참회'를 통해 더 나은 인간으로 거듭나는 것이기 때문입니다.

유다의 호소를 들은 요셉은 북받치는 감정을 억제하지 못합니다. 자기 형제들을 제외하고 주위에 서 있던 모든 사람들을 물러가게 한 다음, 드디어 요셉은 형제들 앞에 자신이 누구인지 밝힙니다.

"요셉이 그 형들에게 이르되 나는 요셉이라 내 아버지께서 아직 살아계시니이까 형들이 그 앞에서 놀라서 대답하지 못하더라"(창세기 45:3).

요셉, 자기가 누군지 형제들에게 밝히다

요셉이 형들 앞에 나서 자기가 누구인지, 자신의 신분을 밝힙니다. 형들은 어안이 벙벙하여 그냥 멍하니 있을 뿐입니다. 너무 놀라서 그랬을 겁니다. 그런데 주석가 라시는 놀라서가 아니라 부끄러워서 말문을 열지 못한 것이라고 설명합니다.

라시가 이런 식으로 설명한 것은, 성경에서 말한 대로 요셉이 형들에게 가까이 오라고 청하고 이 모든 것이 하나님의 계획이니 자기를 애굽에 팔아버린 일로 너무 자책하지 말라고 한 데서 찾을 수 있습니다. 다시 말하면, 자기를 애굽에 보낸 것은 형들이 아니라 하나님이라는 것입니다. 요셉은 계속 설명합니다. 흉년이 들어 기근이 2년 째 이어지고 있는데 앞으로 5년을 더 그런 상태가 지속될 것이기에 하나님이 미리 자신을 애굽에 보낸 것이고, 그리고 자신이 애굽에서 종으로 산 것은 애굽에서 모든 인류에게, 그리고 야곱의 집안에 식량을 제공하라는 하나님의 뜻이었다고 말을 이어갑니다. 따라서 이런 요셉의 말을 보면, 그는 너무 놀라서 멍하니 서 있는 형들을 보며 그런 말을 했다기보다는 부끄러워 차마 얼굴도 들 수 없는 형들을 달래려고 그런 것이라고 볼 수 있는 것입니다.

저는 개인적으로 라시가 이 상황에서의 요셉의 반응을 제대로 읽은 것인지 의문이 듭니다. 물론 형들이 오래전에 팔아버린 동생을 보고 충격을 받은 것은 충분히 그럴 수 있다고 봅니다. 그리고 요셉이 자기 형들에게 너무 괴로워하지 말라고, 자책하지 말라고 당부한 것도 사실입니다. 하지만 저는 요셉이 형들에게 그런 말을 한 것이 사실은 자기 자신에게 한 말일 수도 있다고 생각합니다. 그가 그 모든 것이 하나님의 위대한 구상에 따른 것이라고 한 것은 스스로 새롭게 깨달은 바가 있기 때문입니다. 그동안 형들에 대한 복수심과 원한에 사로잡혀 마음의 문을 꼭꼭 닫아두고 있었다면, 이제는 그 분노와 원한의 껍질을 벗겨내어 그동안 자신이 아버지와 베냐민을 얼마나 그리워했는지를 마음껏 표현함과 동시에 자신을 팔아버린 형들을 다시 사랑하려는 마음의 문을 힘껏 열어 제친 것입니다.

여기서 우리는 요셉의 위대한 영혼을 느낄 수 있습니다. 그는 더 이상 분노에 사로잡혀 있지 않습니다. 하나님의 계획을 이해하고, 그 하나님의 계획 가운데 자신의 위치가 어디인지 잘 알고 있기 때문입니다.

바로의 왕궁에도 이 놀라운 소식이 전해집니다. 바로는 요셉에게 명합니다.

"너희 아버지와 너희 가족을 이끌고 내게로 오라 내가 너희에게 애굽의 좋은 땅을 주리니 너희가 나라의 기름진 것을 먹으리라"(창세기 45:18).

왕의 명에 따라 요셉은 형들에게 먹을 것과 새 옷 및 많은 물품을 실은 수레와 함께 가나안으로 가라고 합니다. 그러면서 "길에서 다투지 말라"(창세기 45:24)고 이릅니다.

"길에서 다투지 말라"는 말은 무슨 뜻일까요? 주석가 라시에 따르면 3가지 서로 다른 설명이 있을 수 있다고 합니다.

첫째는, '유대 율법을 놓고 서로 논쟁하지 말라'는 뜻이라는 설명입니다. 그러다가 자칫 이성을 잃고 길을 잃을 수 있기 때문이라는 겁니다.

그러나 이 설명은 요셉의 형들을 유대의 전통적 공부 방법에 따라 함께 율법을 공부하는 동료인 것처럼 묘사하고 있어 다소 무리가 있는 설명입니다. 그래서 라시는 두 번째 설명을 제시합니다.

둘째는, '너무 빠르게 길을 가지 말라'는 뜻이라는 설명입니다. 낮이 아직 길어 긴 시간 길을 갈 텐데, 자칫 무리하다 큰 일이 일어날 수도 있으니 밤에는 좀 쉬어가면서 가라는 뜻에서 한 말이라는 것이지요. 그러나 이 설명도 마음에 들지 않는지 라시는 성경이 들려주는 말 그대로 받아들인 단순한 설명을 마지막으로 제시합니다.

마지막 설명은, 말 그대로 '가는 도중에 서로 다투지 말라'는 뜻이라는 겁니다. 요셉이 형들이 가는 길에 자기를 팔아넘긴 일을 놓고 서로 다투지 않을까 염려했다는 것이 라시의 설명입니다. 가령, 서로

'너 때문에 그런 일이 일어났다', '네가 요셉을 나쁘게 말하는 바람에 우리가 괜히 미워하게 되었다' 이런 식으로 이전투구를 하지 않을까 걱정이 되어 도중에 서로 싸우지 말라고 했다는 것입니다.

이 마지막 설명이 성경을 있는 그대로 설명한 것이라고 라시는 말했지만, 저는 그냥 잘못된 길에 들어서지 않도록 차분하게 발걸음을 옮기라는 뜻이라고 보는 게 더 단순하고 명백한 설명이 아닌가 싶습니다. 하지만 라시의 이 마지막 설명은 심리학적인 깊이가 담겨 있는 설명이라고 할 수 있습니다. 사실 가나안으로 가는 길에 형들은 서서히 충격에서 벗어나 정신을 차리게 되면서 어떻게 이런 일이 있을 수 있는지, 어쩌다 자기네가 동생을 팔아버리게 되었는지 등등을 생각하다 서로 싸울 가능성이 있습니다. 그래서 인간심리를 들여다보는 통찰력이 있었던 요셉이 형들에게 "길에서 다투지 말라"고 한 것입니다. 멋진 설명입니다.

다시 본 내용으로 돌아갑시다. 드디어 형들이 가나안에 도착합니다. 그들은 아버지 야곱에게 요셉이 살아 있다고 말합니다. 하지만 야곱은 믿을 수 없는 말에 그냥 어리둥절할 뿐입니다. 그러자 형들은 요셉이 한 말을 아버지에게 전합니다. 아마 "내 아버지께서 아직 살아 계시니이까"라고 했던 요셉의 말을 그대로 전했을 겁니다. 그리고 야곱은 요셉이 보냈다는 수레를 보고는 정신을 차리게 됩니다.

> "그들의 아버지 야곱은 요셉이 자기를 태우려고 보낸 수레를 보고서야 기운이 소생한지라"(창세기 45:27).

여기서 "기운이 소생"했다는 말은 야곱의 얼굴에 다시 활기가 찾아왔다는 의미입니다. 라시는 이것을 야곱의 예지력이 되살아났다고 설명합니다. 탈무드에 따르면, 슬픔에 사로잡힌 사람에게는 하나님의 영이 거하지 않는다고 합니다(「사바트」 30). 사랑하는 아들 요셉을 잃어버리고 난 뒤, 야곱은 한탄과 슬픔 속에 많은 세월을 보내면서 예지력을 잃었다고 할 수 있습니다. 그런데 요셉이 살아 있다고 하니 슬픔에서 벗어나 활기를 되찾으면서 예지능력이 되살아났다는 것입니다. 사실 하나님의 영에 감응하는 능력과 우울은 어울리지 않습니다. 예지력을 갖추려면 긍정의 마음가짐이 필요하기 때문입니다.

다시 살아난 야곱. 그는 이렇게 선언합니다.

> "…내 아들 요셉이 지금까지 살아 있으니 내가 죽기 전에 가서 그를 보리라 하니라"(창세기 45:28).

야곱, 애굽으로 내려가다

성경은 자기 아들 요셉을 만나기 위해 애굽으로 떠나는 야곱의 이야기를 들려줍니다. 가는 길에 브엘세바에 다다른 야곱은 그곳에서 "아버지 이삭의 하나님께"(창세기 46:1) 희생제사를 드립니다.

그런데 여기서 궁금한 것은, 야곱이 희생제사를 드리면 아브라함의 하나님이나 아브라함과 이삭의 하나님에게 드린다고 할 수도 있는데 왜 이삭의 하나님께 드린다고 했을까, 하는 점입니다.

위대한 주석가 라시도 이 점을 의아하게 생각하면서, 당대의 상황이 할아버지보다는 아버지를 더 예우하여 존경을 표하는 것이 중요했을 거라고 설명합니다. 그래야 야곱이 희생제사의 의미를 존중하여 자기 아버지 이삭을 할아버지보다 앞세운 것이 이해가 된다는 것입니다.

라시가 어떤 근거로 이런 식으로 설명했는지는 분명치 않지만, 참 흥미로운 설명이 아닐 수 없습니다. 왜냐하면, 우리는 조부모도 어떤 의미에서는 우리의 부모이고, 게다가 그분들이 부모보다는 더 연장자이시니 그분들을 더 예우하는 게 예법에 맞는다고 생각할 수 있기 때문입니다. 하지만 라시는 조부모보다는 부모에 대한 의무가 더 크다고 생각했던 겁니다.

일반적으로 보면, 아이들은 자기네 할아버지나 할머니와 특별한 관계에 있습니다. 때로는 부모보다 그분들을 더 사랑합니다. 조부모와 손주와의 관계는 부모와 자식과의 관계와는 분명 다릅니다. 조부모들은 손주들을 자유롭게 사랑할 수 있습니다. 매일매일 그 아이들을 제대로 양육하고 돌봐야 하는 책임이 없기 때문입니다. 부담 없이 사랑을 베풀 수 있다는 겁니다. 조부모에게는 대체로 아이들이 학교 생활을 잘 하는지, 성적은 어떤지, 제 방은 잘 치우고 다니는지, 이런 것들을 세세하게 신경 쓰며 키우는 부담, 즉 부모와 자식과의 관계에서 나타나는 그런 긴장이나 스트레스가 없습니다. 따라서 조부모와 손주와의 관계가 특별할 수밖에 없다고 할 수 있는 것입니다.

그런데 토라에서 부모를 더 예우하라고 주문한 것은 우리 삶에서 부모와 자식과의 관계가 아주 중요하고, 아이들이 올바르고 의로운 사람이 되도록 키우고 교육시키는 부모의 책임이 중요하다는 것을 강조한 것이라 할 수 있습니다. 사실 부모와 자식과의 관계에는 기대와 책임이 수반되기에 온갖 어려운 일들이 벌어지고, 때로는 감당할 수 없는 상황이 벌어지기도 합니다. 이런 점을 고려하여 토라는 부모와 자식과의 관계가 참으로 힘들고 많은 갈등을 초래할 수 있는 관계이지만, 그만큼 우리 삶에서 중요한 관계이므로 우선 부모에 대한 존경과 예우를 다해야 한다고 강조한 것이라 할 수 있는 겁니다. 이런 점에서 보면, 라시의 설명이 이치에 맞는 설명이 아닌가 싶습니다.

야곱이 '이삭의 하나님'만 언급한 또 하나의 이유는 야곱과 아브라함의 관계와 연관이 있을지도 모릅니다. 성경에는 야곱과 아브라함이 손자와 할아버지의 관계로 상호작용하며 지낸 내용이 없습니다. 창세기 25장 8절을 보면, 야곱이 태어나기 전에 아브라함이 죽은 게 아닌가 하는 생각이 들기도 하지만 실제 계산해보면 야곱이 태어났을 때 아브라함은 백육십 세였고, 그 뒤로 15년을 더 산 다음에 세상을 떴습니다. 따라서 그 동안에 야곱과 아브라함이 할아버지와 손자로 좋은 관계를 유지하지 않았을까 상상해 보지만, 아마 아브라함이 너무 늙어 그런 관계가 잘 형성되지 않았을 수도 있는 겁니다.

세 번째 이유, 즉 야곱이 '이삭의 하나님'만 언급한 또 다른 이유는 브엘세바라는 특별한 장소와 관련이 있을 수 있습니다. 야곱이 브엘세바를 지나가는 것이 이번이 처음은 아닙니다. 그가 아버지 이삭의 축복을 받은 뒤 형 에서의 분노를 피해 아버지의 집에서 나와 밧단아람으로 도피했을 때, 출발지가 바로 그가 "아버지의 집"(창세기 28:21)이라고 부른 브엘세바였습니다.

브엘세바라는 이름은 '맹세의 우물'이란 의미를 지니고 있습니다. 창세기 21장에 보면, 아브라함과 그랄왕 아비멜렉이 하나님의 약속을 지키자며 우물을 놓고 언약을 하며 그 우물을 브엘세바라고 하였는데, 이삭이 아버지 아브라함이 팠던 그 우물을 다시 파서는 이름을 똑같이 브엘세바라고 했던 것입니다. 그런데 지금 애굽으로 떠나는 야곱이 브엘세바를 지나고 있으니, 옛날에 자신이 아버지인 이삭의 집을 나와 밧단아람으로 향할 때의 일이 어찌 생각나지 않을 수 있겠습니까? 예전에 불가피한 사정으로 아버지의 집을 떠날 수밖에 없었던 야곱, 도피의 길을 나서야 했기에 떠날 수밖에 없었던 아버지의 집인 브엘세바, 그런데 이제 이스라엘 땅을 떠나 애굽으로 가는 그가 다시 브엘세바를 지나고 있으니, 아버지가 생각나는 것은 당연하지 않을까요?

아들 요셉이 살아있다는 소식에 다시 기운이 살아나고 예지력도 회복한 야곱, 그는 브엘세바를 지나는 중 밤에 꿈을 꿉니다.

> "그 밤에 하나님이 이상 중에 이스라엘에게 나타나 이르시되 야곱아 야곱아 하시는지라 야곱이 이르되 내가 여기 있나이다 하매 하나님 이 이르시되 나는 하나님이라 네 아버지의 하나님이니 애굽으로 내려 가기를 두려워하지 말라 내가 거기서 너로 큰 민족을 이루게 하리라 내가 너와 함께 애굽으로 내려가겠고 반드시 너를 인도하여 다시 올 라올 것이며 요셉이 그의 손으로 네 눈을 감기리라 하셨더라"(창세기 46:2-4).

야곱의 꿈에서 하나님이 하신 말씀은 많은 것을 시사하고 있습니다.

우선 첫째로, 하나님이 스스로를 '너의 조부 아브라함과 아버지 이 삭의 하나님'이 아니라 "네 아버지의 하나님"이라고 칭하고 있다는 점입니다. 이것은 하나님이 자기 아버지의 집을 떠나는 야곱의 내면 심리를 잘 알고 있었다는 것을 의미합니다.

하지만 하나님이 아브라함을 시조로 해서 시작되는 약속, 즉 땅을 주시고 위대한 민족을 이루게 하겠다는 세대를 초월한 약속을 하시면서 정작 아브라함을 언급하지 않은 까닭이 무엇인지 의문이 남습니다. 예전에 야곱이 밧단아람으로 도피하면서 도중에 천사들이 사다리를 오르고 내리는 꿈을 꾸었을 때는 하나님이 스스로를 "너의 조부 아브라함의 하나님이요 이삭의 하나님"(창세기 28:13)이라고 칭했을 때와 비교하면 여기서는 왜 그랬는지 궁금하지만, 저로서는 그 이유를 분명하게 밝힐 수가 없습니다.

둘째는, 애굽으로 향하는 야곱의 마음을 안심시키고 달래기 위해 꿈에 하나님이 나타나실 필요가 있었다는 사실입니다. 얼핏 우리는 애굽으로 향하는 야곱의 발길이 가벼웠을 거라고 생각하기가 쉽습니다. 가령, 아브라함이 애굽으로 떠났을 때는 기근을 피해 어쩔 수 없이 떠났다면, 야곱의 경우는 오랫동안 생사를 알 수 없었던 아들 요셉을 만나러 가는 길이니 행복한 여정이었을 거라고 짐작할 수 있기 때문입니다. 따라서 야곱이 데리고 떠난 모든 가족들 역시 즐거움 속에 활기에 넘쳤을 겁니다.

그러나 야곱, 어쩌면 야곱 홀로 위기의식을 느끼며 심각한 고민에 빠져 있었을 가능성이 있습니다. 그 까닭은 바로 약속의 땅을 떠난다는 사실에서 찾을 수 있습니다. 야곱에게 약속의 땅을 떠난다는 것은 하나님의 약속에 반하는 것일 뿐 아니라 자신은 물론 자기 아버지와 할아버지가 노래불러온 희망에 어긋나는 것이기에 고민이 깊었을 것이 분명합니다. 따라서 하나님이 나타나 그 모든 것이 자신이 계획

한 것의 한 부분이라며 다시 약속의 땅으로 돌아가게 해준다고, 살아생전에 돌아가지 못한다 해도 반드시 가나안 땅에 묻히게 하겠다고, 너의 자손들은 모두 이스라엘 땅으로 돌아가게 될 것이라고 야곱을 안심시켜야 했던 것입니다.

셋째는, 성경에 나오는 "애굽으로 내려[간다]"는 표현입니다. 이미 앞에서도 말한 바가 있지만, 애굽으로 가는 길은 내려가는 길이 아닙니다. 시내산이 이스라엘 땅보다 더 고도가 높고, 애굽도 이스라엘보다 높은 곳에 있습니다. 또한 지도를 펼쳐놓고 보면, 애굽으로 가는 길이 내려가는 길로 보이기에 그렇게 표현한 것이라고 할 수도 없습니다. 왜냐하면 토라는 지도가 만들어지기 전의 이야기이기 때문입니다.

이스라엘을 떠나는 것은 항상 내려간다고 하고, 이스라엘에 들어서는 것은 항상 올라간다고 하는 것은 물리적인 관점, 즉 고도의 관점이 아니라 영적 상승의 관점에서 표현한 것입니다. 이스라엘로 돌아오는 사람을 올라오는 사람이라는 뜻으로 '올레'(oleh)라고 하고, 떠나는 사람을 내려가는 사람이란 뜻으로 '요레드'(yored)라고 하는 이유가 바로 여기에 있습니다.

약속의 땅에 살면서 번창하리라는 유대민족의 바람인 시오니즘은 성경 그 자체라 할 수 있습니다. 어쩔 수 없이 약속의 땅을 떠나 애굽으로 내려갈 때 심령이 약해진 야곱을 하나님이 위로하고 안심시켜주는 이야기와 같이 유대민족의 바람은 성경의 이야기 속에 깊이 스며들어가 있는 것입니다.

야곱의 모든 자손들이 애굽으로 들어가기 전에 야곱은 유다를 먼저 보내 고센 땅으로 인도하게 합니다. 그러니까 유다는 본대보다 앞서 가서 모든 준비를 하게끔 파견된 선발대인 셈입니다.

"야곱이 유다를 요셉에게 미리 보내어 자기를 고센으로 인도하게 하고 다 고센 땅에 이르니"(창세기 46:28).

그렇다면 여기서 "인도하게 하고"라는 말의 의미가 무엇일까요? 그냥 길을 안내하는 것일까요?

주석가 라시가 전하는 바에 따르면, 랍비들은 야곱이 유다에게 길을 인도하게 했다는 것은 애굽에 유대인 학교를 준비하라고 시킨 것이라고 설명합니다. 물론 이런 설명은 성경 구절을 있는 그대로 해석한 것이 아니라, 유대의 역사에서 교육이 차지하는 위상을 반영한 것입니다. 유대인 학교가 없으면 유대인 공동체도 있을 수 없습니다. 따라서 야곱이 유다에게 예배당이나 세례줄 곳을 마련하거나 목축지를 찾으라고 보낸 것이 아니라 무엇보다 우선적으로 학교를 세우라고 보냈다는 것입니다.

저는 미국에서 자랐고, 제 아버지는 대학에서 교목(랍비)을 지내셨습니다. 많은 곳에서 아버지에게 더 좋은 자리를 제공하겠으니 자기네 지역으로 와달라고 요청하였지만, 아버지는 유대인 학교가 없는 지역에서의 요청은 다 거절하셨습니다. 어렸을 때 그렇게 아버지가 정중히 거절하며 하시는 말씀을 들었던 저는, 그때 아버지가 왜 그러셨는지 그 뜻을 지금까지 절대 잊지 않고 기억하고 있습니다. 아버지는 당신의 경력이나 개인적인 안락함보다는 아들인 나의 교육, 그러니까 내가 유대인이라는 정체성을 잃지 않고 의로운 사람으로 성장하도록 가르치는 유대의 교육을 앞세우셨던 겁니다.

우리는 토라를 공부하면 이따금 이런 느낌을 받곤 합니다. 하나님이 현존하시고, 세상 만물은 서로 연결되어 있다는 느낌입니다. 그런 느낌을 통해 우리는 토라가 어떤 의미에서는 예로부터 현재에 이르기까지 우리네 삶을 가로지르며, 삶의 중요한 의미가 무엇인지를 전해주는 신성한 텍스트라는 사실을 새삼 깨닫게 됩니다.

이스라엘의 축복
– 야곱의 깨우친 손

애굽에서 17년을 지낸 야곱. 이제 백사십칠 세가 된 그에게는 죽음의 시간이 다가오고 있습니다.

그런데 우연의 일치일지 모르겠지만, 그 17이란 숫자와 17년이란 세월이 참 묘합니다. 요셉이 형들에 의해 구덩이에 버려졌을 때가 17살 소년이었을 때입니다. 그러니까 야곱은 그의 아들 요셉이 애굽으로 팔려가기 전에 17년 동안 요셉과 같이 지냈다는 얘기가 됩니다. 그런데 이제 애굽의 권력자가 된 아들 요셉을 애굽에서 다시 만나 지낸 세월이 17년이니 참 절묘하게 세월을 배분했다는 생각을 지울 수가 없습니다.

그 17년 세월의 의미를 밝히기에는 저의 능력이 부족합니다. 하지만 고향에서 17년을 살다가 추방된 요셉의 삶과 17년을 애굽에서 지내다 죽어 고향으로 돌아오는 아버지 야곱의 삶 사이에는 그 둘을 연결해주는 중요한 의미가 있는 것은 분명합니다. 실향, 그리고 귀향이라는 게 좋든 나쁘든 우리의 삶에서 어떤 무게로 다가오는지, 누구든 짐작할 수 있기 때문입니다. 애굽으로 팔려가 결국에는 권력자가 된 요셉과 그 아들 요셉을 만나러 애굽으로 건너가 17년의 세월을 같이 한 야곱이 어떤 부자지간이었는지가 바로 그 17년이란 기간에 함축되어 있다고 할 수 있습니다. 어쨌든 성경의 이야기 속에는 그와 같이 우리에게 어떤 연상을 떠오르게 하는 내용들이 많이 있습니다.

죽음이 다가오자 야곱은 요셉에게 자기가 죽으면 이스라엘 땅에 묻겠다고 맹세해 달라고 요구합니다. 사실 애굽에 와서 유명해진 사람이 그 애굽의 땅을 피해 다른 곳에 묻힌다는 게 쉽지 않다는 것을 야곱은 알고 있습니다. 그래서 요셉에게 맹세해 달라고 요구한 겁니다. 이러한 야곱의 요구는 아버지가 아들에게 하는 부탁이면서 동시에 고향을 떠난 사람이 같은 처지의 사람에게 하는 간절한 소망의 표시입니다. 창세기 마지막 장인 50장의 맨 마지막 절 바로 앞의 25절에 나와 있듯이, 나중에는 요셉도 비슷하게 그의 형제들에게 하나님이 이스라엘을 기억하고 그들을 고향으로 돌려보낼 때 자신을 그 이스라엘 땅에 다시 묻어주겠노라 맹세하기를 요청합니다. 그리고 우리는 출애굽기 13장 19절에서 요셉의 형제들이 했던 맹세가 모세에 의해 실현되는 것을 알 수 있습니다. 이처럼 죽음에 임박해서 고향의 품에 묻히고 싶은 마음은 누구나가 간절히 바라는 마지막 소망이라 할 수 있습니다.

요셉은 아버지 야곱이 늙고 병들어 죽음이 임박했음을 알게 됩니다. 그래서 두 아들 므낫세와 에브라임을 데리고 아버지 앞에 나아갑니다. 두 아들에게 아버지 야곱의 축복을 받게 하고 싶었던 겁니다.

자기 아들 각각에게 축복을 내려 이스라엘을 이끌 12지파로 인정했던 야곱은 인생 막바지에 요셉의 아들인 에브라임과 므낫세를 이스라엘 지파로 인정함으로써 요셉에게 두 배의 축복을 내리게 됩니다. 요셉은 그런 영광을 감히 거절하지 못합니다. 자기 자식에게 특별한 선물을 주겠다는데 어떻게 안 된다고 하겠습니까.

그래서 아버지 앞에 두 아들을 데리고 간 요셉은 장자 므낫세를 야곱의 오른팔 옆에 앉게 하고, 에브라임은 왼팔 쪽을 향하게 앉게 합니다. 그런데 야곱이 손을 바꾸어 오른손을 에브라임의 머리에 얹고 왼손을 장자인 므낫세의 머리에 얹는 것이었습니다. "팔을 엇바꾸어"(창세기 48:14) 얹었다는 것인데, 히브리어 성경에는 이 부분이 '씨켈 에티 야다'(ידיו את שכל)라고 표현된 것을 두고 이 표현에 인식과 앎을 뜻하는 단어인 'sechel'이 들어가 있다며 라시는 팔을 엇바꾼 것이 아니라 깨달은 바가 있어 그대로 팔을 바른 방향으로 옮겼다고 설명합니다. 아무튼 요셉은 아버지의 그런 행동을 보고 "눈이 나이로 말미암아 어두워서 보지 못하[는]"(창세기 48:10) 것으로 생각하여 아버지의 팔을 다시 바꿔보려고 하지만 야곱은 그런 요셉의 시도를 뿌리칩니다.

> "그의 아버지에게 이르되 아버지여 그리 마옵소서 이는 장자이니 오른손을 그의 머리에 얹으소서 하였으나 그의 아버지가 허락하지 아니하며 이르되 나도 안다 내 아들아 나도 안다 그도 한 족속이 되며 그도 크게 되려니와 그의 아우가 그보다 큰 자가 되고 그의 자손이 여러 민족을 이루리라 하고"(창세기 48:18-19).

여기서 요셉의 경우를 한번 생각해볼 필요가 있습니다. 사실 요셉은 누구보다 아버지의 사랑을 많이 받았지만 그로 인해 더더욱 형제들의 미움을 샀던 사람입니다. 하지만 결국엔 지적 재능이 뛰어나고 의로운 사람이었기에 훌륭한 업적을 세우고 그 공로를 인정받은 사람입니다. 그런 그에게 두 아들이 있습니다, 그런데 그 두 아들 가운데 장자 므낫세가 아닌 에브라임이 아마 더 뛰어난 재능을 지닌 아들이었을 겁니다. 그리고 역사를 보면 그게 사실로 드러납니다. 모세의 후계자로 이스라엘 사람들을 거느리고 가나안 땅으로 들어간 지도자인 여호수아도 에브라임 자손이고, 에브라임 지파는 북부 왕국을 형성한 지도력을 발휘하기도 했습니다.

그러나 어쨌든 태어난 순서를 중요시하는 사회규범을 지키지 않는 것이 화를 불러올 수도 있다는 사실을 알고 있는 요셉은 그것이 다 아버지의 눈이 흐려서라고 생각합니다. 하지만 생의 마지막의 순간까지 야곱은 재능을 우선시하는 원칙을 고수합니다. 그래서 그는 요셉의 아들인 에브라임과 므낫세에게도 축복을 내리는 특혜를 베풀면서도 장자인 므낫세보다 에브라임이 더 크게 될 것이라고 한 것입니다.

이런 야곱의 원칙은 미가 7장 20절에 다음과 같이 잘 표현되어 있습니다.

> "주께서 옛적에 우리 조상들에게 맹세하신 대로 야곱에게 성실을 베푸시며 아브라함에게 인애를 더하시리이다"

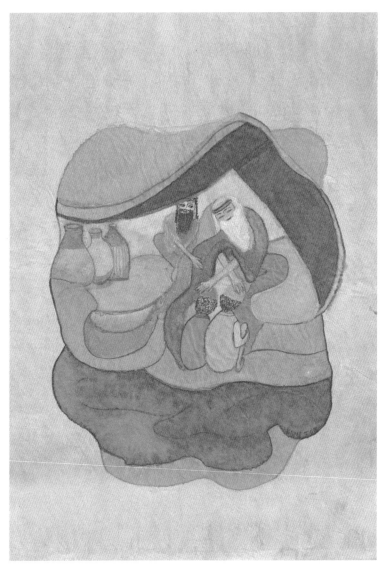

이스라엘이 오른손을 펴서 차남 에브라임의 머리에 얹고 왼손을 펴서 므낫세의 머리에 얹으니 므낫세는 장자라도 팔을 엇바꾸어 얹었더라 (창세기 48:14).

간단히 말해, 성실성, 태어난 순서보다는 재능 우선, 장자 계승과 사회적 규범보다는 행동과 품성 우선, 이런 태도의 전형을 보인 사람이 바로 야곱인 것입니다. 창세기의 마지막 부분에 이르러 우리가 깨달은 것은, 야곱의 성실성의 원칙과 뛰어난 재능을 우선시하는 태도가 이스라엘 조상뿐 아니라 이스라엘 백성을 선택하는 문제의 핵심에 놓여 있다는 사실입니다.

이스라엘 백성을 종종 선택받은 민족이라 부릅니다. 현대 이스라엘의 초대 총리인 다비드 벤구리온은 이스라엘 민족은 선택받은 민족이 아니라 '선택하는 민족'으로 불려야 한다는 말을 자주 했습니다. 다시 말해, 이스라엘 사람들은 뛰어난 선택을 통해 스스로가 각별히 칭송받을 만한 민족으로 성장했다는 것입니다. 하나님을 찾아낸 아브라함을 배출한 민족, 전 세계 인류에게 책 중의 책인 성경을 선사한 민족, 수많은 노벨상 수상자를 배출한 민족, 2천 년 동안의 추방과 방랑의 세월을 보내고 세상에서 유례를 찾기 힘든 민족국가를 다시 세운 민족, 예술과 과학과 기술을 발전시키고 뛰어난 업적을 창조한 민족, 인구수는 작지만 영혼만은 위대한 민족, 그리고 가장 도전적인 안보 환경 속에서도 번성의 길을 찾아낸 민족, 이 민족이 바로 이스라엘 민족이라는 뜻입니다.

창세기를 통해 우리가 들은 이야기, 이것이 바로 이스라엘의 이야기인 것입니다.

히브리어로 '태초에'라는 뜻의 '베레쉬트'(Beresheet, בראשית)라 부르는, 모세의 토라 다섯 권 가운데 첫 번째 책인 창세기. 창세기는 위대한 시작의 이야기입니다. 우주와 창조된 질서의 시작, 인류의 시작, 옳고 그른 것을 구분하는 최초의 이해, 온갖 다양한 인간 사회의 시작, 하나님을 찾아가는 아브라함의 여정의 시작, 인간과 하늘에 계신 우리 아버지 사이의 깊은 관계의 시작, 그리고 이스라엘 민족의 시작. 이 모든 시작이 담겨있습니다.

토라를 학습하는 모든 행위는 하나의 시작이지 결코 끝이 아닙니다. 토라는 그 내용의 깊이도 깊이지만 무궁무진한 지혜가 담겨 있기에 그 학습에 끝이 있을 수가 없습니다. 그래서 랍비들은 이렇게 말합니다.

"책장을 넘기고 또 넘기며 생각하라. 그 안에 모든 것이 들어있으니"(미쉬나 윤리 5:26).

우리는 우리의 제한된 지적능력이 허용하는 범위 내에서 최대한의 노력을 기울여 토라를 공부할 수 있을 따름입니다. 아무리 능력이 모자란다 해도 공부를 게을리 할 수는 없습니다. 그래서 "집에 앉았을 때에든지 길을 갈 때에든지 누워 있을 때에든지 일어날 때에든지"(신명기 6:7) 토라를 읽고 생각해야 합니다. 토라에 담긴 뜻을 탐구하는 일에 끝이 없기 때문입니다. 그 안에 담긴 지혜가 바다보다 깊고 하늘보다 높기 때문입니다. 따라서 우리의 공부는 전방위적이면서 총체적인 시각에서 이루어져야 할 것입니다. 그리고 토라의 책 가운데 한 권의 학습이 끝나면 이어서 바로 다음 책으로 넘어가야 합니다. 그래서 창세기 공부가 끝나면 이어서 출애굽기를 공부하는 것이 가장 적절한 학습 방법인 것입니다.

창세기의 시작이 있기에, 우리는 출애굽기에서 이스라엘 사람들이 이스라엘 민족을 형성해가는 과정을 볼 수 있는 것입니다. 이스라엘 민족이 어떻게 온갖 고통 속에서도 하나님의 놀라운 섭리로 애굽의 굴레에서 벗어나고, 어떻게 홍해를 건너고, 어떻게 시내산에 머물며 광야에서 토라를 받게 되는지를 목격하게 됩니다.

"야곱과 함께 각각 자기 가족을 데리고 애굽에 이른 이스라엘 아들들의 이름은 이러하니"(출애굽기 1:1).

여러분의 성경공부가 계속 이어지기를 진심으로 기원하며, 그동안 창세기가 펼쳐 보인 세상 시작의 길에 저와 발걸음을 나란히 하며 동행해주신 모든 분께 감사하다는 말씀 전합니다.

옮긴이 윤희기

1958년 부산에서 태어났다. 고려대학교 영어영문학과를 졸업하고 동 대학원에서 「삶의 부정확한 번역자: 존 애쉬베리 시의 아포리아」로 박사학위를 받았다. 대학에서 강의를 하면서 문학, 철학, 종교 등에 관심이 많아 그 분야의 글을 우리말로 소개해왔다. 아울러 우리가 사는 세상을 따뜻하게 바라보며 많은 생각을 글로 담아보려 보려 노력 중이다.

옮긴 책으로는 테리 이글턴『비평과 이데올로기』, 존 스타인벡『의심스러운 싸움』, 제임스 미치너『소설』, 노아 고든『샤먼』, A. S. 바이어트『소유』, 지그문트 프로이트『무의식에 관하여』, 오스카 와일드『도리안 그레이의 초상』, 폴 오스터『동행』, 『폐허의 도시』, 켄트 너번『일상의 작은 은총』, 마크 털리『예수의 생애』, R. W. B. 루이스『단테』, 윌리엄 B. 어빈『욕망의 발견』, 러디어드 키플링『정글북』, F. 스콧 피츠제럴드『위대한 개츠비』, 앤드루 숀 그리어『막스 티볼리의 고백』, 하벤 길마『하벤 길마』, 안나 카타리나 샤프너『자기계발 수업』 등 다수가 있다.

이스라엘 대사가 들려주는

창세기, 위대한 시작의 이야기

발행일 2024년 6월 5일 초판 1쇄
         2024년 7월 5일 초판 2쇄

지은이 아키바 토르
그린이 나오미 토르
옮긴이 윤희기
발행인 고영래
발행처 (주)미래사

주소 서울시 마포구 토정로 195-1 정우빌딩 3층
전화 (02)773-5680
팩스 (02)773-5685
이메일 miraebooks@daum.net
등록 1995년 6월17일(제2016-000084호)

ISBN 978-89-7087-153-0 (03230)

בראשית